Herbert Paulerberg
Die Kunst, Bücher in Szene zu setzen

Herbert Paulerberg

Die Kunst, Bücher in Szene zu setzen

Schaufenster dekorieren, Themen visualisieren, Kunden interessieren

Mit Beiträgen von
Manuela Stratmann und
Ronald Voigt

Lexika Verlag®

Die Deutsche Bibliothek - CIP-Einheitsaufnahme

Paulerberg, Herbert:
Die Kunst, Bücher in Szene zu setzen : Schaufenster dekorieren, Themen visualisieren, Kunden interessieren / Herbert Paulerberg. Mit Beitr. von Manuela Stratmann und Ronald Voigt. - Würzburg : Lexika-Verl., Krick Fachmedien, 1999
ISBN 3-89694-264-6

Lexika Verlag erscheint bei Krick Fachmedien GmbH + Co., Würzburg

Druck: Schleunungdruck, Marktheidenfeld
Printed in Germany
ISBN 3-89694-264-6

Vorwort

Schauwerbung vermag Menschen zu beeinflussen. Ein Buchhändler, der diese Erfahrung gemacht hat, erzählte mir folgende Geschichte: Vor Jahren gestaltete er regelmäßig selbst die Schaufenster seines kleinen Buchladens. Oft erzählten ihm die Kunden, daß sie donnerstags abend ihren Bummel durch die Straßen so legen, daß sie an seinem Schaufenster vorbeikommen, „… weil da immer was los ist …“, sagten sie. Inzwischen hat er den Laden an Jüngere übergeben und sich zur Ruhe gesetzt. Als er neulich „seine“ Buchhandlung wieder besuchte, war er erstaunt, als er in das Schaufenster blickte. Wahllos waren einige Bücher auf den Schaufensterboden gelegt worden – kein Blickfang, kein Thema, keine Aussage. Auf seine Frage hin sagten ihm die jetzigen Inhaber: „Das Fenster brauchen Sie nicht zu beachten, wir gestalten es nicht großartig; es schaut sich ja eh keiner an.“ Der Buchhändler schwieg und dachte sich seinen Teil.

Mit diesem Buch, liebe Leserin, lieber Leser, möchte ich Ihnen zeigen, wie Sie mit Ihrem Schaufenster auf das Verhalten von Kunden gezielt Einfluß nehmen können: Schauwerbung kann Kunden zum Schmunzeln, Nachdenken, Stehenbleiben und zum Diskutieren bringen, Schaufenster können Geschichten erzählen, Wünsche wecken und Gefühle auslösen. Dafür brauchen Sie nur alte Denkweisen über den Nutzen eines Schaufensters abzulegen und ihm eine neue Wertigkeit zuzugestehen. Allerdings: Die Tücke liegt im Detail, und so kümmern wir uns in diesem Buch gerade um die Kleinigkeiten und versuchen, soweit es möglich ist, Handgriffe, Techniken und Werkzeuge konkret am Fall zu zeigen und in verschiedenen Übungen zu erproben.

Eines der Haupthindernisse, der eigenen Fassade mehr Glanz und eine professionelle Gestaltung zu verleihen, ist der Kostenfaktor. Beispiele zeigen, was Werbung und hier vor allem Schauwerbung kostet – ja kosten muß. Weil ich weiß, wie sehr das schreckt, zeige ich Ihnen Möglichkeiten, mit den finanziellen Mitteln sinnvoll umzugehen. Sie erfahren, wie Sie einen Werbeetat erstellen und wie Sie über kooperative Werbung einen Teil des Geldes wieder hereinholen und damit den Etat strecken können.

Ehe ich es vergesse: Damit Sie das Buch auch in der Ausbildung verwenden können, enthält es Übungen und Auflösungen nach jedem Abschnitt.

Danken möchte ich Sigrid Stange, die viele Bilder für dieses Buch fotografierte.

Schöneck, im September 1999, Herbert Paulerberg

Inhaltsverzeichnis

1 Schauwerbung – ein Marketinginstrument

Den wichtigsten Schritt zu neuer, andersartiger Schauwerbung haben Sie, liebe Leserin, lieber Leser, schon getan. Denn es ist nicht vorstellbar, daß Sie dieses Buch kaufen und aufschlagen, wenn sich nicht zuvor zwei Dinge in Ihnen abgespielt haben:

1. Sie beschlich das Gefühl, daß Auslegen und Auszeichnen der Ware im Schaufenster allein nicht ausreichen, um Kunden zu interessieren.
2. Sie bemerkten, daß der Schau(fenster)werbung bei Ihnen und Ihren Kollegen nicht die Bedeutung zukommt, die ihr als Aushängeschild des Unternehmens zusteht.

Bild 1: Ein „normales" Schaufenster irgendwo im Lande.

Die Schauwerbung: nur ein Instrument im Orchester

Von Schauwerbung reden heißt vom Marketing reden. Genauer gesagt vom ausübenden, angewendeten Marketing, denn die grundlegenden „philosophischen“ Entscheidungen sind längst gefallen, die Ziele formuliert und die Weichen gestellt. Die Buchhandlung verfügt also über eine Unternehmenspersönlichkeit, die sog. „Corporate Identity“ (CI) sowie das unverwechselbare Markenzeichen, das Corporate Design (CD).

Haben Sie sich z.B. entschlossen, den Namen „Büchermarkt“ zu tragen, dann sind Sie in der Wahl der Möbelfarbe und -form, des Sortiments und des Personalauftritts schon nicht mehr frei. Die Einzelentscheidungen unterliegen nicht mehr jener Beliebigkeit, die (leider) viele Einzelhandelsgeschäfte kennzeichnet. Nennen Sie Ihren Laden dagegen „Bücherinsel“, dann sollten Sie auch Insel *sein*. Alle verwendeten Bilder, Schriften, Materialien, auch und gerade in der Schau(fenster)werbung, unterliegen dann dem gestalterischen Primat von „Insel“. Als Robinson-Crusoe-Leserin oder -Leser muß Ihnen niemand mehr erzählen, daß die dominierenden Farben nur das Urwaldgrün, das Sandbeige und das Himmelblau sein können. Beschriftungsträger sind baumrindebraun, die Schrift keine andere als die, die Robinson auf den Deckeln der Kisten vorfand, die er aus dem Schiffswrack rettete.

REIF FÜR DIE INSEL
ABCDEFGHIJKLMNOPQRSTUVWXYZ
1234567890

Abb. 1: Schriftvorschlag für „Bücherinsel“.

Neue Bücher auf dem Markt
ABCDEFGHIJKLMNOPQRSTUVWXYZ
1234567890

Abb. 2: Schriftvorschlag für „Büchermarkt“.

Die Instrumente des Marketing

- *Marktforschung, Markterkundung*

Sie beginnt mit der Großbefragung z.B. „Erfolgsfaktor: Zufriedene Kunden“ (Börsenverein des Deutschen Buchhandels, 1994) und endet mit der Frage im Verkaufsgespräch an einen Kunden: „Interessieren Sie sich auch für die früheren Friedenspreisträger?"

- *Absatzstrategie*

Sie legt die mittel- und langfristigen Maßnahmen der Buchhandlung fest und gibt Anworten auf folgende Fragen:
WIE – Absatzformen
WO – Standort-, Lage- und Plazierungsentscheidungen
WER – Personalstärke, quantität und -qualität
WANN – Aktionstermine und -dauer, Ladenöffnungszeiten
FÜR WEN – Kundenzielgruppen-Festlegungen
WOZU – hier sind die Kundenwünsche und -absichten gemeint, die die Buchhandlung beantworten will, und über die sie sich in der Markterkundung informiert hat.

- *Verkauf*

Damit ist die Taktik in der Begegnung mit dem Kunden gemeint. Auf den Punkt gebracht bedeutet das: Welche Methoden wendet das Personal an, um

- den Besucher zum Kunden zu machen?
- dem Kunden mehr zu verkaufen als er zunächst beabsichtigte?
- den Kunden langfristig an die Buchhandlung zu binden und ihn ihr zu verpflichten.

- *Verkaufsförderung, die sog. „Sales-promotion"*

meint die großen und kleinen Veranstaltungen, die die Buchhandlung ins Gespräch bringt. Angefangen bei „Personality-Shows" (Signierstunden) über kulturelle Veranstaltungen (Podiumsdiskussionen oder Autorenlesungen) bis zur „ad hoc"-Vergabe von Leseproben: „Herr Kunde, Sie interessieren sich für Zeitgeschichte? Darf ich Ihnen zwei Beck-Leseproben schenken?"

- *Werbung*

Darunter versteht man Information über die Ware und die Dienstleistungen, die die Buchhandlung bietet. Die wichtigsten Werbearten sind: Direktwerbung, Anzeigenwerbung, Plakatanschlagwerbung, Werbung im Internet, Werbegeschenke, Aufdrucke auf Gegenständen, Werbevorträge, Funk- und Fernsehwerbung, **Schau(fenster)werbung**.

Die Abb. 3 (S. 12f.) lädt zu einer kleinen Übung ein.

Werbeträger und zugehörige Werbemittel auf einen Blick

	Kino	Packung	Gebrauchs-gegenstand	Plakat-anschlagfläche	Gebäude	Fahrzeug	Fernsehfunk	Hörfunk	Person	Post	Presse	Internet
Anzeige		auch anzutreffen in Programmen, Stadtplänen usw.								siehe auch „Presse“ ferner: Anzeige im Telefonbuch, Vorlesungsverzeichnis etc.		
Prospekt		Beilagenwerbung	Postwurfsendung	Verteilaktionen, Steckaktionen			„Prospekte beim Fahrer“	Körbchen am Schaufenster				
Mail-order-Package		Prospekte, Brief, Bestellkarte, Umschlag										
Schaufenster								meist im eigenen Haus auch: Schaukasten				

Plakat			im Aushang					im eigenen, auch in fremden Fenstern	z.B. DSR – Deutsche Städte-reklame			
Aufdruck			auf Post-autos	Dienst-kleidung			auf eignen Fahr-zeugen, Bussen, Bahnen, Taxis	Fassaden-beschrei-bung		Telefon-buch, Kugel-schreiber etc.	z.B. Hitchcock auf Kelloggs Cornflakes	
Spot					Überregional ausge-strahlt: Kaufhaus- oder Gemeinschaftswerbung. Einzelwerbung im Stadtfunk oder -TV. Auf jeden Fall: Kassette im Laden abspielen.							
Film, Dia												kann als Dia durchaus lohnen!
Werberede				z.B. Be-grüßungs-rede bei Lesung								
Homepage	Web-shopping											

Abb. 3: Werbeträger und zugehörige Werbemittel auf einen Blick.

Aufgabe

Denken Sie sich zu möglichst vielen Feldern, in denen kein Text steht (siehe Abb. 3), eine Werbeaktion aus. Suchen Sie zuerst eine Lösung für die Kombination Werbemittel Schaufenster und Werbeträger Presse.

Lösungsvorschlag

Fotos des Schaufensterblickfangs und der hauptsächlich beworbenen Titel erscheinen gleichzeitig in einer Anzeigenserie auf der Lokalseite der Regionalzeitung.

Stellen wir die Reihenfolge der Marketinginstrumente auf den Kopf (siehe S. 10f.), so steht die Schau(fenster)werbung an der Spitze und tatsächlich stellt das Schaufenster oft den ersten Kontakt zwischen Kunde und Buchhandlung her. Mit den anderen Marketinginstrumenten finden erst später weitere Kontakte statt – mehr oder weniger in eben dieser umgekehrten Reihenfolge.

Die Schauwerbung, ob im Fenster oder im Verkaufsraum, ist ein vorzügliches Medium, um sämtliche Marketingmaßnahmen einer Buchhandlung zu kommunizieren. So können Sie beispielsweise Sales-promotion-Aktionen im Schaufenster ankündigen, Ergebnisse einer Marktforschungsstudie dort darstellen (siehe Bild 2, s.u.) oder den ganz alltäglichen Verkauf, z.B. am Welttag des Buches, ins Schaufenster verlegen.

Bild 2: Reaktionen auf eine Umfrage. (Beobachtet in einem englischen Supermarkt.)

Das Schaufenster als PR-Instrument

Public Relations, die Presse- und Öffentlichkeitsarbeit: zum Marketing gehörig, und doch ganz anders. Hierfür sollen Menschen bewegt werden, publikumswirksam über Ihre Buchhandlung zu berichten. Weil diese Art der Darstellung in der Öffentlichkeit besonders glaubwürdig ist, tun wir in unserem Schaufenster so, als berichte ein anderer über uns. Verzichten Sie also auf Marktschreierei, Lobeshymnen u.a.

Aufgabe

Formulieren Sie zu den sechs Vorschlägen (Kästchen) in Abb. 4 (S. 16) ein kurzes „Briefing“, also die Schilderung des Werbevorhabens in Stichworten. Nutzen Sie diese Übung, um den Umgang mit Ihrem wichtigsten Informationsmittel einzuüben. Versuchen Sie, sich dabei nicht allzu eng an die Vorschläge im vorherigen Absatz zu halten.

Lösungsvorschlag

Vorschlag 1: Das diesjährige Werbegeschenk, eine Sanduhr mit Aufdruck „Lesezeit“ und Logo der Buchhandlung wird im Schaufenster vorgestellt.

Vorschlag 2: Der Chef (oder eine andere Person) sitzt im Schaufenster und liest. Schlagzeile: „Chef liest selbst“.

Vorschlag 3: „Bücher die zusammengehören“ (Systemverkauf per Schaufenster).

Vorschlag 4: Die neue Abteilung „Entdeckungsreisen-Reiseentdeckungen“ stellt sich per Schaufenster vor.

Vorschlag 5: Aufforderung zur Teilnahme an einer Image-Erkundungsaktion per Schaufenster.

Vorschlag 6: Pressestimmen zum Besuch der Buchmesse (vergrößert) im Schaufenster.

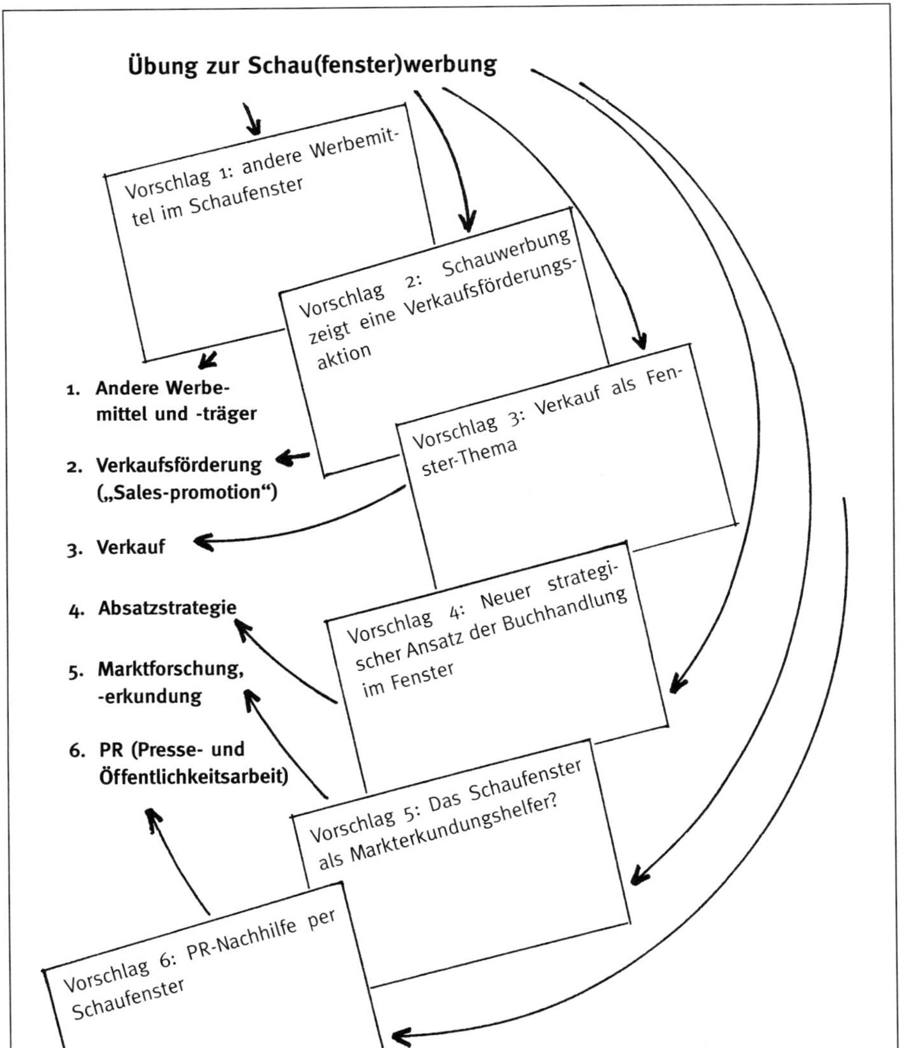

Abb. 4: Wie Schaufenster andere Werbe-Instrumente kommunizieren können.

2 Werbeplanung

2.1 Etatplanung

Schauwerbung kostet Geld. Wenn man aber bedenkt, daß eine komfortabel ausgestattete Schaufensterwerkstatt für weit unter 5.000 DM zu haben ist, dann verwundert es sehr, daß die meisten allgemeinen Sortimentsbuchhandlungen nur wenig Material und Gerät dafür besitzen.

Schauwerbung verursacht aber auch laufende Kosten. Hier ist es wichtig, die Schauwerbung, genauso wie die anderen Marketinginstrumente auch, in den gesamten Werbeetat einzuplanen.

Fortsetzung Tab. 20

Auswertungspositionen	Betriebe mit ... qm Geschäftsraum						
	bis 75	76 - 150	151 - 300	301 - 600	601 - 1.500	1.501 - 3.000	über 3.000
32 Beschaffungsentwicklung (Vorjahr=100)	108,7	101,7	102,5	101,3	105,4	103,5	*
33 Anteil Lieferantenskonti am Umsatz in %	0,6	0,5	0,5	0,5	0,6	0,7	*
34 Anteil Durchlaufgeschäft am Warenumsatz in %	40	36	34	31	27	25	*
35 Lagerumschlagshäufigkeit	4,6	4,8	4,4	4,2	4,4	5,5	*
36 Lagerbestand je 100.000 DM Umsatz in DM	13.446	11.408	10.211	10.114	11.005	8.473	*
37 Lagerbestand*** je Beschäftigtem in DM	32.690	25.237	28.727	29.937	27.631	24.661	*
38 Lagerbestand*** je qm Geschäftsraum in DM	1.212	869	879	822	760	709	*
39 Lagerendbestand zu Anfangsbestand in %	104,6	102,4	99,6	101,6	102,5	99,4	*
40 Lagerbestandsentwicklung (Vorjahr=100)	102,7	102,9	100,7	102,0	103,3	100,2	*
41 Anteil Wareneingang am Umsatz in %****	65,6	63,5	63,3	62,1	61,3	60,8	*
Kostenanteile am Umsatz in %							
42 Personalkosten ohne Unternehmerlohn und ohne Geschäftsführergehälter	9,0	11,0	14,0	15,8	17,8	16,7	*
43 Unternehmerlohn und Geschäftsführergehälter	10,4	6,8	5,3	3,5	1,8	1,6	*
44 Personalkosten insgesamt	19,4	17,8	19,3	19,3	19,6	18,3	*
45 Miete oder Mietwert	3,3	3,1	3,4	3,3	4,2	3,6	*
46 Sachkosten für Geschäftsräume	0,7	0,8	0,8	0,8	1,2	1,0	*
47 Werbekosten	1,2	1,2	1,2	1,1	1,4	1,5	*

Abb. 5: Auszug aus der Tabelle 20 „Betriebsvergleichsergebnis des Sortimentsbuchhandels nach Raumgrößenklassen 1996", aus „Buch und Buchhandel in Zahlen" 1998 (Buchhändler-Vereinigung, Frankfurt a. M.).

Entsprechend den Angaben des Kölner Betriebsvergleichs, veröffentlicht im jährlich erscheinenden Handbüchlein „Buch und Buchhandel in Zahlen“ (Buchhändler-Vereinigung, Frankfurt a. M.) geben die beteiligten Buchhandlungen zwischen 1,1 und 1,4% des Umsatzes für Werbung aus, und zwar ziemlich konstant, was die Höhe der Kosten pro Jahr betrifft. Die Betriebsberater schätzen den Anteil des Umsatzes, der für Werbung ausgegeben wird, wesentlich höher ein; nur wird nicht jede Mark korrekt ihrer Zweckbestimmung nach in der Kostenstatistik aufgeführt. So wandern die Ausgaben für Umschläge, zu Tausenden für Mailings verwendet, in den Etat „Büromaterial“. Das Porto, ausgegeben für selbige Sendungen, wird unter „Sonstige Kosten“ festgehalten. Und – Hand aufs Herz – wer registriert schon die Schaufensterbeleuchtung unter einer anderen Kostenart als „Raumkosten“?

Aufgabe

Eine Buchhandlung in einem Ort mit 450.000 Einwohnern erreicht 1998 einen Umsatz von DM 6.230.250. Der Werbeetat in dieser Größenklasse beträgt laut „Buch und Buchhandel in Zahlen“ Ausgabe 1998 für das Berichtsjahr 1996 1,4% vom Umsatz. Die Buchhandlung plant für das Geschäftsjahr 1999 eine Umsatzsteigerung von 3%. Wie hoch ist der Werbeetat für 1999, wenn die Ausgaben für Werbung 1% vom Umsatz mehr betragen sollen als laut Kölner Betriebsvergleich?

Lösung

Umsatz 1999	DM	6.230.250,00
+ 3%	DM	186.907,50
= Planumsatz 2000	DM	6.417.157,50
2,4% davon=Werbeetat 2000	DM	154.011,78
Gerundet	**DM**	**154.000**

Nehmen wir weiter die folgenden Vorabentscheidungen für die Mittelverwendung an:

Reserve für den Inhaber	DM 20.000
Reserve für die Fachkraft Werbung	DM 10.000
Anzeigenetat	DM 50.000

Die restlichen Mittel werden nach der Anteil-Methode der BBE (Betriebswirtschaftliche Beratungsstelle für den Einzelhandel, Köln) verplant:

Je Monat 1 Anteil		12 Anteile
Sales-promotions der Buchhandlung:	Mai	2 Anteile
	Aug.	2 Anteile
	Nov.	4 Anteile
Kinderbuch-Rallye	Okt.	3 Anteile
Schulbuch, Schularbeitenhilfen	Aug.	2 Anteile
Semesteraktionen (Fachbuch)	März	2 Anteile
	Okt.	2 Anteile
Reiseaktionen	Jan.	3 Anteile
	Juni	2 Anteile

Praxisbeispiel

Das Etat-Planblatt (Abb. 6, S. 20) zeigt die Einzelbudgets die der Werbefachkraft der Buchhandlung für das Geschäftsjahr 1999 zur Verfügung steht. Im vorliegenden Fallbeispiel einer Werbeetatplanung stehen der Werbefachkraft pro Monat knapp 2.200 DM – im wesentlichen für Schauwerbeaktionen im Verkaufsraum und im Schaufenster – zur Verfügung. Ein solcher Plan verhindert, daß das Budget vorzeitig aufgebraucht ist und sogar für unvorhergesehene Anlässe Reserven zur Verfügung stehen.

Mehr Geld für Werbung zur Verfügung haben, als der Etat ausweist.

Das ist in der Tat möglich, nämlich durch die Werbekostenzuschüsse der Lieferanten. Immer, wenn Sie in Ihrer Buchhandlung einen Umsatz von 100 DM erzielen, hat Ihr Lieferant bereits einen Umsatz von 70 DM mit Ihnen realisiert. Es liegt also nahe, Werbeaktionen gemeinsam mit den Verlagen zu planen und zu finanzieren. Besprechen Sie solche Aktionen zunächst mit Ihren Kollegen/Vorgesetzten. Dann informieren Sie den Vertreter, Vertriebs- oder Werbeleiter des Verlages über Ihr Vorhaben. Dabei deuten Sie auch an, daß Sie gern einen Zuschuß zu den Kosten hätten, z.B. in der Art: „Ich schicke Ihnen gerne Informationen zu über das, was wir vorhaben und was wir an technischen Hilfen benötigen; auch, was wir an Zuschuß für die geplante Beilagenwerbung (*Firmenaufdruck auf die Verlagsprospekte o.a.*) erbitten, und den Auftrag.“ Sie werden staunen, wie dankbar man am anderen Ende der Leitung ist, keine umfangreichen Notizen machen zu müssen. Der Vorschlag zur gemeinsamen werblichen Kooperation, den Sie jetzt an den Verlag schicken, besteht aus den folgenden vier Teilen (siehe Abb. 7–9, S. 21ff.):

- Anschreiben/Begleitbrief
- Formblatt „Aktionsbeschreibung“
- Formblatt „Konditionenblatt“
- Auftrag an den Verlag

Werbeetat Geschäftsjahr 2000, **insg./gerundet 154.000 DM**

Reserve Werbeabteilung	10.000 DM	Reserven gesamt DM 80.000
Inhaber Reserve	20.000 DM	
Werbemitteletat, z.B. Anzeigen	50.000 DM	
....		

Monat	1	2	3	4	5	6	7	8	9	10	11	12		Anteile gesamt DM
Anteile	/	/	/	/	/	/	/	/	/	/	/	/	12	
DM	2176	2176	2176	2176	2176	2176	2176	2176	2176	2176	2176	2176	26112	
Sales		//						//			////		8	
promotion		4352						4352			8704		17408	
Kinder-										///			3	
buch										6528			6528	
Schul-								//					2	
buch								4352					4352	
Fach-			//							//			4	
buch			4353							4352			8704	
Reise-	///					//							5	
zeit	6528					4352							10880	
....														73.984
....														Summe:
Anteile insg./Monat	4	3	3	1	1	3	1	5	1	6	5	1	34	insg. 153.984
DM insg./Monat	8704	6528	6528	2176	2176	6528	2176	10880	2176	13056	10880	2176		(inkl. Reserven)

Insgesamt 34 Anteile

1 Anteil = 2.176 DM

Abb. 6: Praxisbeispiel einer Werbeetatplanung.

Benötigen Sie nichts weiter als Dekohilfen und Werbemittel anderer Art, reicht ein einfaches Werbemittel-Anforderungsformular aus (siehe Abb. 10, S. 24). Vorteilhaft für Sie, wenn Sie dieses Formular verwenden, ist der Checklisteneffekt dieser Arbeitshilfe. Er verhindert, daß Sie etwas vergessen könnten, wonach es sich zu fragen lohnt.
Eine genaue Buchführung über die Kosten von Werbeaktionen ist wichtig. Monat für Monat muß die Werbefachkraft der Buchhandlung kontrollieren, wie es nach den verschiedenen Be- und Entlastungen des Werbebudgets am Monatsende steht. Auch Naturalzuschüsse der Verlage, also Bücher, die als Belegstücke für Werbeleistungen ins Haus kommen, werden zum Einkaufspreis als Entlastung berücksichtigt, soweit sie zum Verkauf angeboten werden.

☐ Messe
☐ Vertreterbörse ....
☐ Vertreterbesuch im Hause
....
(Datum, Zeichen)

Einladung zur werblichen Kooperation

Sehr geehrte Damen und Herren,

Ihre Produktion spielt in unseren Aktionen der nächsten Wochen eine besondere Rolle.

Alles über die geplanten Aktivitäten
- *Buchtitel*
- *Medien*
- *Termine*
- *Auflagen*
- *Kosten*

erfahren Sie aus den beigefügten Unterlagen.

Schicken Sie bitte das Duplikat der **Einladung zur werblichen Kooperation** an uns zurück. Fügen Sie bitte, wenn möglich, die erbetenen Unterlagen bei.

Mit herzlichem Dank und bestem Gruß

(Unterschrift)

Anlagen
☐ Einladung zur werblichen Kooperation
☐ Konditionenblatt
☐ Auftrag

Abb. 7: Schematext „Begleitbrief".

Eine Ausfertigung senden Sie bitte abgezeichnet (möglichst mit den erbetenen Unterlagen) an uns zurück. Vielen Dank.

Einladung zur werblichen Kooperation

Für Ihren ☐ Titel
☐ Verlagsbereich
....
☐ wollen wir durchführen
☐ haben wir durchgeführt

☐ Schaufenster vom .... bis ....

☐ Büchertisch, Veranstaltung: .... Lokalität .... am: ....

☐ Direktwerbung an ....
mit Adressen: ☐ aus eigener Datei ☐ von ....
Auflage .... Stck., Versand: ☐ Post ☐ ....

☐ Anzeige am .... in: ....
☐ Beilage am .... in: ...., Auflage .... Stck.,

Gesamtkosten DM ....

☐ **Sie erhalten**
☐ anbei: ☐ Beleg ☐ Foto ☐ Entwurf
☐ sobald wie möglich: ☐ Beleg ☐ Foto ☐ Entwurf

☐ **Schicken Sie uns bitte**
☐ ... Prospekte mit Firmeneindruck zu ....
☐ Litho ☐ S/W-Andruck
☐ Format ...., maßgeblich: ☐ Breite ☐ Höhe
☐ 2 Displays ☐ 4 Plakate zu ....
☐ Defektstücke für Dekozwecke: ....
☐ Schutzumschläge zum Herstellen von Attrappen ....

☐ **Beteiligen Sie sich bitte an den Kosten mit**
☐ Gutschrift ☐ Überweisung von DM ....
☐ Übernahme der Kosten für Firmeneindruck (s.o.)
☐ je ... Belegexemplar(en): ...

(Unterschrift) *(Unterschrift)*
(Buchhandlung) *(Verlag)*

Abb. 8: Formblatt „Aktionsbeschreibung".

Konditionenblatt zum beiliegenden Auftrag der Buchhandlung

☐ Messe
☐ Vertreterbörse ....
☐ Vertreterbesuch im Hause
....
(**Datum, Zeichen**)

Sortimenter-rabatt	☐ Aktionsrabatt ... % ☐ Partie ...., Ergänzung in .... Nachbezügen ☐ innerhalb .... Monaten seit Eingang der Bücher aus erster Bestellung ☐ Mischpartie (siehe Auftrag)
Lieferung	Liefern Sie hier eintreffend spätestens .... per .... ☐ Portoabzug vom Überweisungsbetrag ☐ Portobelastung per BAG Rücklastzettel ☐ Bitte leisten Sie Portoersatz mit Gewährung von Freistücken bestellter Titel.
Zahlung, RR	RR für nichtverkaufte Reste (ohne Bearbeitungsgebühr) und Valuta per .... Zahlung abzüglich 3% Skonto ☐ per BAG Einzug am ....
Buchlaufkarten	Bitte legen Sie je Titel eine Buchlaufkarte mit Titeleintrag bei. Vielen Dank!
Etiketten	Bitte legen Sie je Exemplar ein Selbstklebepreisetikett bei. Falls Sie auszeichnen wollen: auf der Folie (Rückseite).
Sonstiges	....
Anlagen	Dieses Konditionenblatt ist Teil des beiliegenden Auftrags ☐ Siehe ebenfalls beiliegende Einladung zur werblichen Kooperation.

(Unterschrift)

Abb. 9: Formblatt „Konditionenblatt“.

Bitte um Schaufenster-Werbematerial
an

(Stempel der Buchhandlung)

(Adresse des Verlages)

Verantwortlich:
(evtl. Durchwahl, Fax)

Zeichen:
Datum:

Hier eintreffend bis zum ....
Schaufensterthema: ....

... Plakate ... Displays *(Thema)*
... Plakate ... Displays *(Thema)*

... Streuprospekte ... Kataloge *(Thema)*
... Streuprospekte ... Kataloge *(Thema)*
☐ bitte mit kostenlosem Firmeneindruck
☐ Schwarzweiß-Vorlage ☐ Film/Litho anbei

... Defektexemplare für Dekozwecke (zum Aufschlagen, Verwenden von Teilen des Buches o. dgl.)

... Schutzumschläge zum Herstellen von Attrappen
zu: ...
zu: ...

Mit freundlichem Gruß

(Unterschrift)

Abb. 10: Formblatt „Bitte um Schaufenster-Werbematerial“.

Werbeetatkontrolle

Etatplanung .... *(Monat/Jahr)* DM ....
+ Rest / - überzogen aus Vormonat DM ....
Bereinigter Etat = DM ....

Datum	Text	Belastung	Entlastung

Summe Be-/Entlastung		
Bereinigte Belastung		
Bereinigter Etat – Bereinigte Belastung		
☐ Vorausbelastung ☐ Vorentlastung für den folgenden Monat		

Abb. 11: Formblatt „Werbeetatkontrolle“.

Werbeetatkontrolle

Etatplanung *Juli 2000*	DM *2176*
+ Rest / - überzogen aus Vormonat	+ DM *150*
Bereinigter Etat	= DM *2326*

Datum	Text	Belastung	Entlastung
7	*Einkauf Schaufenster Material*	*850,–*	
10	*Mailing „Sommerhitze"*	*780,–*	
15	*Belegstücke HoCa*		*128,–*
22	*Neubespannung*		
	Schaufenster – Bodenelemente	*500,–*	
27	*Farb-Groß-Kopien*	*400,–*	

Summe Be-/Entlastung	*2530,–*	*128,–*
Bereinigte Belastung		*2402,–*

Bereinigter Etat – Bereinigte Belastung	*– 76,–*
☒ Vorausbelastung ☐ Vorentlastung für den folgenden Monat	*76,–*

Abb. 12: Etatkontrolle der Werbefachkraft mit Beispielrechnung.

2.2 Aktionsplanung

Dieses Kapitel will Sie dazu anregen, die werblichen Auftritte mindestens vier Wochen im voraus zu planen. Kaufen Sie sich in einem Schreibwarengeschäft einen Wandplaner (Großformat) oder fragen bei der LG Buch, Seckenheimer Straße 33, 68165 Mannheim, Tel. (06 21) 44 24 23 nach, ob es den Wandplaner für Buchhandlungen noch gibt. Praktisch, weil auf A4-Format zusammenfaltbar, ist auch der Werbeplan der Regionalpresse, Schmidtstraße 53, 60326 Frankfurt, Tel. (0 69) 97 38 22.

Die Grobplanung für jeden Tag
wird jetzt möglich. Nehmen Sie sich die nächsten vier Wochen in Ihrem Planer vor und überlegen Sie sich, welches Thema wann über welche Medien (inner- und außerhalb des Verkaufsraums) kommuniziert werden soll. Dabei arbeiten Sie am besten „von innen nach außen", d.h. das Thema, das im Verkaufsraum dargestellt ist, soll auch im Schaufenster aufgegriffen werden. Stehen Ihnen mehrere Schaufenster zur Verfügung, können Sie die Themen an verschiedenen Dekopunkten im Laden präsentieren. In Ihrem Plan tragen Sie das Thema ein, und zwar in die Zeilen, die für Schauwerbungen im Verkaufsraum vorgesehen sind.

Aber warum vier Wochen im voraus?
Aktionen müssen vorbereitet werden. Ein Beispiel: Mitte Januar wollen Sie das Thema „Gute Vorsätze" inszenieren (Bücher zur persönlichen Lebens-, Zukunfts-, Karriereplanung). Parallel zu Ihrer Aktion soll eine Anzeige in der Frankfurter Rundschau erscheinen (Erscheinungstag: 16. Januar). Die Vorlage hierzu ist zum 10. Januar fertigzustellen und am 13. Januar anzuliefern. Den Entwurf der Anzeige planen Sie für den 4. Januar. Zwei Wochen davor, für Sie also in den nächsten Tagen, nehmen Sie Kontakt mit den Verlagen auf, deren Bücher in der Anzeige erscheinen sollen. Die Anzeige (schwarzweiß) im Lokalteil der Regionalzeitung auf Seite 1, als ca. 20 cm hoher Streifen, kostet mindestens 1.000 DM.

Ehe Sie abwinken, liebe Leserin, lieber Leser, will ich an dieser Stelle einen Hinweis darauf geben, wie Sie die Kosten verringern: Die Verlage, deren Bücher in der Anzeige abgebildet werden, schicken Ihnen auf Anfrage die erforderlichen Andrucke (schwarzweiß) der Buchcover im benötigten Format und beteiligen sich, wenn Sie Ihnen den Nutzen verständlich machen, auch an den Kosten der Anzeige. Der Nutzen, das ist zum Beispiel der Tausend-Kontakte-Preis, errechnet über die verkaufte Auflage und den Leser-pro-Nummer-Faktor der Zeitung.

All' diese Vorbereitungen brauchen Zeit. Zeit, um den Schriftwechsel zu führen, Zeit, die der Verlag zur Entscheidung braucht und Zeit, die zur Herstellung benötigt wird. Behilflich hierbei sind die bereits vorgestellten Formblätter (Abb. 7–9, S. 21ff.). Vertikale Kooperation macht also Arbeit, spart aber Geld.

Die Aktion „Tolle Feste", die für den 1. Februar geplant ist, soll durch eine Beilage in der Regionalzeitung (Werbemittel „Prospekt") unterstützt werden. Hier benötigen Sie ca. drei Wochen Vorbereitungszeit, um Spezialwünsche bezüglich des Firmeneindrucks mit den Verlagen zu klären und einen passenden Termin für die Beilage-Aktion mit der Zeitung zu vereinbaren.

Und dann noch die PR
Es ist ein alter Irrtum anzunehmen, Pressenotizen zu besonderen Aktionen einer Buchhandlung erschienen nur in den Zeitungen, in denen selbiges Geschäft auch inseriert. Schicken Sie die Information, von der Sie meinen, sie könne den Lesern nicht vorenthalten werden, an die Redaktionen entsprechender Zeitungen, Zeitschriften oder Online-Dienste in Ihrer Umgebung. Überzeugt die Mitteilung den Redakteur, erscheint auch die Pressenotiz.

Ihr Faschingsfenster
müssen Sie spätestens Anfang Januar planen. Als Wahl-Rheinländer schlage ich jeder Touristik-Abteilung vor, in der närrischen Zeit Anregungen für Faschingsmuffel zu geben. Eine Headline wie „Scharen von Kölnern und Düsseldorfern buchen die Hotels an der Nord- und Ostseeküste aus" könnte für Aufsehen sorgen. Diese Idee ist so unüblich, daß sie gute Chancen hat, von der Presse aufgegriffen zu werden.

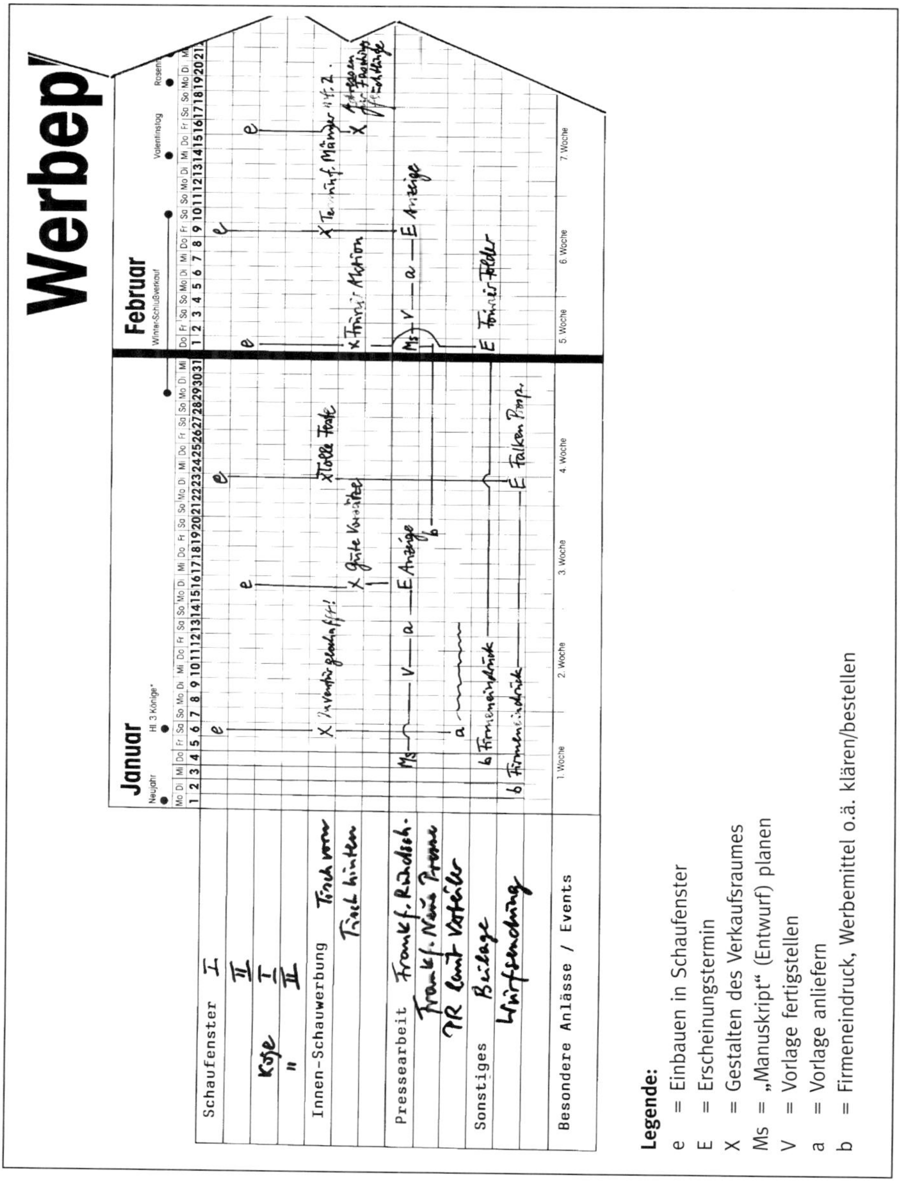
Werbep
Januar
Neujahr
Hl 3 Könige
Februar
Winter-Schlußverkauf
Valentinstag
1. Woche
2. Woche
3. Woche
4. Woche
5. Woche
6. Woche
7. Woche
Schaufenster
Innen-Schauwerbung
Pressearbeit
Sonstiges
Besondere Anlässe / Events
Legende:
e = Einbauen in Schaufenster
E = Erscheinungstermin
X = Gestalten des Verkaufsraumes
Ms = „Manuskript“ (Entwurf) planen
V = Vorlage fertigstellen
a = Vorlage anliefern
b = Firmeneindruck, Werbemittel o.ä. klären/bestellen

Abb. 13: Werbeplanung.

Aufgabe

Nehmen wir an, es ist der 6. Januar. Wie könnte die „Karnevals-Fluchtaktion“ im Werbeplan aussehen. Die Abb. 14 zeigt hierzu einen Lösungsvorschlag.

Lösungsvorschlag

Abb. 14: Lösungsvorschlag zur Karnevals-Fluchtaktion-PR.

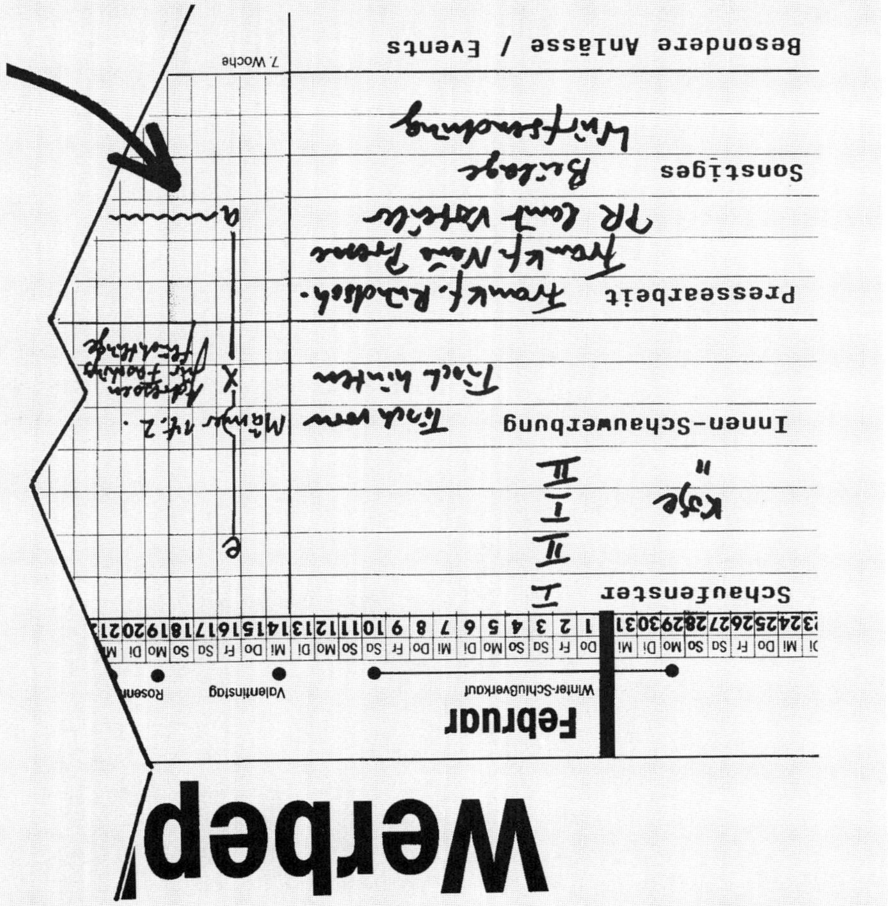

3 Ideenfindung

3.1 Aktionen, Rubriken, Themen: die Schauwerberedaktion

Aktionen für, mit oder sogar durch Kunden finden im Buchhandel immer mehr Freunde. Die Beiträge im Börsenblatt zum Welttag des Buches am 23. April enthalten von Jahr zu Jahr mehr reizvolle und pfiffige Ideen auch zunehmend von kleineren Buchhandlungen. Das Modewort für solche Aktivitäten lautet „Event". Event kommt in der 19. Auflage der Brockhaus Enzyklopädie noch nicht vor; wohingegen das „Lexikon der aktuellen Begriffe" (Verlag Das Beste, Stuttgart) definiert: „Neue Produkte oder Marken werden dem Publikum häufig durch möglichst spektakuläre Veranstaltungen mit großer Medienwirkung, sogenannte „Events" (Ereignisse), bekanntgemacht. Besondere Aufmerksamkeit erreicht man durch die Teilnahme von Prominenten."

Genau an dieser Stelle weicht das Buch, das Sie aufgeschlagen haben, vom Modebegriff „Event" ab. Die Buchhandlung, so wie sie vom Kunden erlebt wird, besteht meiner Auffassung nach aus drei Qualitätsstufen:

1. Buchhändler sammeln (bestellen), ordnen und beschriften. Sie helfen gerne jedem weiter, der sich für „ihr" Sortiment interessiert.
2. Die Buchhändler werden zu „Verkaufs-Jongleuren". Alle Achtung vor dem, der es versteht, seine Kunden zum Staunen zu bringen, sei es durch das Interview mit einem Autor im Regionalfernsehen oder durch pfiffige Blickfangpunkte im Laden.
3. Die Buchhandlung wird zur Bühne, die der Kunde betritt. Er gestaltet das Geschehen, vor allem das Alltagsgeschehen in der Buchhandlung – seiner Buchhandlung – aktiv mit.

Einige Beispiele solcher Events, um das Modewort zu benutzen, greife ich in diesem Kapitel auf – hier natürlich den Teil der Inszenierung im Schaufenster oder in der Regalwand betreffend.

Mit Kunden zur Buchmesse

Eine äußerst wirkungsvolle Aktion, die zunächst fast keine Arbeit macht. Kündigen Sie an der Kasse oder im Kundengespräch an, daß eine Messefahrt mit Kunden an einem der Publikumstage (Samstag bevorzugt) geplant ist. Den Preis hierfür kalkulieren Sie so, daß ein oder zwei Lehrlinge kostenlos mitfahren können. Mieten Sie einen kleinen Bus, der auch sicher voll werden wird, denn „ausgebucht" ist ein sehr gutes Werbeargument und zieht als Banderole im Schaufenster angebracht sicher einige Aufmerksamkeit auf sich.

Überhaupt, nutzen Sie das Schaufenster:
- *Vor* der Aktion zeigen Sie nur ein Großfoto des gebuchten Busses, auf dem der Busunternehmer lächelnd auf die geöffnete Einstiegstür weist.
- *Nach* der Aktion zeigen Sie eine Folge von Bildern, die Sie unterwegs aufgenommen haben. Sparen Sie nicht an Format, gehen Sie beim hübschesten Motiv auf 50 × 70 cm. Sollte es ein Gespräch an einem Verlagsstand darstellen, und der Verlagsname oder vielleicht sogar die Vertriebsleiterin des Verlags ist gut getroffen, dann zeigen Sie dazu einige Neuerscheinungen eben dieses Verlages.

Natürlich schicken Sie dem Verlag einige Abzüge der Fotos, auch von der Schaufensteraktion. Die Bücher, die Ihnen der Verlag nämlich dann als Belegstücke zuschickt und die Sie im Laden verkaufen können, decken Ihre Kosten für Fotos, Dekoplatten und Briefporto bei weitem. Die Fotos vom Messebesuch – vor allem die Fotos, auf denen Ihre Kunden gut getroffen sind – stellen Sie im Schaufenster aus; selbstverständlich können die Kunden diese auch erwerben (zu einem guten Preis und nach einem angemessenen Aufschlag für Sie; z.B. pro Bild 1.– DM).

Lange Sisi-Nacht

Lange Nächte für Kunden, vor allem junge, in denen die Buchhandlung die ganze Nacht hindurch Gaststätte für das Lesen von Krimis, das Diskutieren und das Imbiß-Knabbern ist, finden immer mehr Liebhaber unter den Buchhändlerinnen und Buchhändlern. Wie setzen wir die Aktion nun im Schaufenster um und machen sie so auch denen zugänglich, die denken sollen „... da wäre ich auch gern dabei gewesen ...“?

Als Beispiel hierfür dient die lange Sisi-Nacht, zu der die Literaturdozenten der Seckbacher Buchhändlerschule einluden. Die Lehrbuchhandlung zeigte vorher ein Schaufenster mit der Programmübersicht der langen Sisi-Nacht, mit Biographien und Bildbänden (Bild 3, S. 33). Während der Nachtveranstaltung selbst war die Kamera weiter dabei (Bild 4, S. 33), und aus den Bildern entstand ein „Film“, realisiert mittels schwarzen Plakatkartonstreifen, auf den die Bilder geklebt wurden. Achtung: Hochformatfotos eignen sich hierfür nicht! Die Perforation des „Films“ gelang, indem gut hundert kleine weiße Vierecke am Rand des schwarzen Streifens aufgeklebt wurden, ebenfalls aus Plakatkarton erstellt. Klar, daß die Fotos zügig im Labor bearbeitet werden mußten, damit spätestens am Tag danach das Fenster zu einem „Danach“-Fenster wurde (siehe Bild 5, S. 34).

Bild 3: Die lange Sisi-Nacht (1): Schaufenster mit Sisi-Büchern und Texttafel. (Die Neoprint-Druckstempeltechnik ermöglicht den Druck unmittelbar auf dem Trägermaterial.)

Bild 4: Die lange Sisi-Nacht (2): Die Gäste sind eingetroffen, es kann losgehen.

Bild 5: Die lange Sisi-Nacht (3): Szenenfotos erscheinen auf einem Plakatkartonstreifen wie ein Film, der schräg ins Schaufenster, vor die Auslage gestellt wird mit dem Kommentar: „Schade, daß Sie nicht dabei waren ...“

Kunden schreiben ein Buch

Wenn man im Maggi-Kochstudio die Gäste mit Töpfen und Pfannen umgehen sieht, keineswegs in einem hinteren Raum, sondern ganz bewußt offen und für jeden Passanten gut sichtbar, müßte man sich fragen: Gibt es für meine Buchhandlung etwas Ähnliches? Was läge näher, als gemeinsam mit Kunden ein Buch über die Stadt, Geschichten aus der Region oder ganz einfach über ein fiktives Thema anderer Art zu schreiben. Damit in ihrem Buch kein Schmuddel und üble Nachreden stehen, muß es ein paar Regeln für die „Schreiberlinge“ geben. Sinnvoll ist außerdem, wenn es sich der Buchhändler vorbehält, Beiträge herauszunehmen. Zu überraschenden „Brüchen“ in der Handlung trägt auch die Regel bei, daß jeder Schreiber nur die Seite seines Vorgängers lesen darf.

Das Schaufenster ist hierfür nicht nur der geeignete Ort der Vorher- oder Nachher-Berichterstattung, es ist sogar die geeignete Bühne für das Geschehen selbst. „Campus 2006 – Sie haben die Fantasy“ (Bild 6 und 7, S. 35): In unserem Beispiel haben die Gäste beim Jubiläum der Seckbacher Buchhändlerschule Seite für Seite

Bild 6: Am Stehpult schreiben Besucher der Buchhandlung eine Seite zu einem vorgegebenen Thema. →

← **Bild 7:** Die Aufgabenstellung ist im Schaufenster (und auf Handzetteln) zu lesen.

ihre Vision davon niedergeschrieben, wie sie sich den Campus in zehn Jahren vorstellen. Weil jeder Autor nur den Text der vorherigen Seite kannte, kam es zu den vorhin schon angedeuteten lustigen Sprüngen in der Handlung.

Weitere Ereignisse mit Kunden in der Hauptrolle, über die Sie per Schaufenster berichten können, sind:

- *Der große Tragetaschen-Test*

Reste- und Mängelexemplare-Verkauf „Soviel Sie in einer Tragetasche fortschleppen können, für DM …".

- *„Kein Platz mehr im Regal"-Flohmarkt in Ihrer Buchhandlung*

Kunden verkaufen ihre Überbestände an andere Kunden, um Platz für Neuerwerbungen zu schaffen.

- *Urlaubserinnerungen*

Kunden zeigen an einem Abend im September in Ihrer Buchhandlung die schönsten Urlaubsdias. Aber: Achten Sie auf eine Dia-Zahl-Begrenzung und eine maximale Spieldauer bei Videofilmen. Benutzen Sie einen Kurzzeit-Wecker und lassen Sie keine Langeweile zu!

Rubriken

Den Verkaufsraum und das Schaufenster können Sie aber auch als Medium betrachten, ganz genau so, wie die Redakteure eines Unterhaltungs- oder Bildungsmagazins es mit ihrem Arbeitsmittel handhaben. Blättern Sie ein Exemplar des „Stern“ oder „Focus“ durch. Sie werden feststellen, daß der Innenteil in Segmente aufgeteilt ist, die die Orientierung, die Nutzung, aber auch die Vertrautheit (alles am gewohnten Platz) für den Leser optimieren.

Bild 8: Klarer Wegweiser. (Hugendubel, München)

Es folgen einige Vorschläge, wie Sie den Verkaufsraum, vor allem den Schauwerberaum in ganz ähnlich nachempfundene „Rubriken“ aufteilen können:

Verkaufsraumredaktion

Impressum	Name des Inhabers der Buchhandlung, Erreichbarkeit bei Störungen, Öffnungszeiten, Zielsetzung in Kurzform und wichtige Service-Bereiche.
Anzeige	Verlagsfenster oder -regalsegment – vielleicht haben Sie ja einige Verlage, deren „Flagge“ Sie zeigen.
Inhalt	Lageplan Ihrer Abteilungen, Schlagwort- oder systematisches Verzeichnis der Warengruppen (siehe Bild 8, S. 36).
Briefe	Die Kunden-lesen-für-Kunden-Rubrik: Auf einer Einsteckpappe werden das Foto des Rezensenten und sein Besprechungstext dargestellt.
In eigener Sache	Hier geschieht das gleiche, nur sind es diesmal Rezensionen von Kollegen – auch hier mit Foto. Sie werden staunen, wie oft Sie oder Ihre Kollegen plötzlich mit ihren Kunden über Bücher sprechen, die Sie gelesen haben. Also: Zeigen Sie zukünftig öfter mal statt nur das Preisschild auch die Pappe mit Foto und Rezension im Fenster!
Leute	Prominente als Autoren, nicht mehr nur zufällig, sondern ganz bewußt beieinander im Schaufenster oder Verkaufsraum.
Nachgefragt	Autoren, die vor 5, 10 oder 20 Jahren wichtige Bücher geschrieben haben: Was machen sie heute? Bestseller, die vor 5, 10 oder 20 Jahren geschrieben wurden: Sind sie heute immer noch gefragt?
Titelgeschichte	Das Haupt-Schaufensterthema der Woche, im Verkaufsraum mit gleichem Blickfang herausgestellt.
Funk/TV plus Buch	An fester Stelle im Laden und/oder als Rubrik in Ihrem Schaufenster zeigen Sie Bücher zu Funk- oder Fernsehsendungen. Das können Bücher gleichen Titels/Themas sein, oder die einen anderen Bezug zur Sendung haben.
Trends, Listen	Einfachste Lösung: Zeigen Sie auch im Schaufenster permanent die Spiegel-, Stern-, Gong-Bestseller oder SWF Bestenliste oder eine andere Hitliste. Sie können aber auch eine Kunden-(!) →

	oder Mitarbeiter-Jury gründen, die wöchentlich, 14tägig oder wie immer Sie es schaffen (dann aber regelmäßig) die In- oder Out-Titel ernennt.
Die einzige Bestseller-liste, die stimmt ...	... ist Ihre eigene. Richten Sie ihr einen festen Platz in der Schauwerbeanlage ein. Merken Sie übrigens, wie durch die Rubrikenbildung die verschiedenen Schaufenster und -kästen, die bisher immer Füllprobleme mit sich brachten, auf einmal, dadurch, daß sie ihr festes Thema haben, zu Selbstläufern werden?
Rätsel, Gewinn-spiel	Jedes Schaufenster kann mit geringer Mühe um ein Gewinnspiel bereichert werden. Lassen Sie Kunden ein Suchwort finden, dessen Buchstaben sich auf den im Schaufenster gezeigten Büchern befinden. Sie werden feststellen, daß die Verweildauer der Schaufenstergäste wächst.
Vorschau	„Ab ... sehen Sie an dieser Stelle eine Ausstellung zum Thema ...“ Wer, wie in Kapitel 2.2, S. 27 dargestellt, seine Schaufenster vier Wochen im voraus plant, weiß ja beim Gestalten einer Koje oder eines Fensters, was sich heute in zwei Wochen an diesem Punkt abspielt.
In letzter Minute	Die 24-Stunden-Rubrik zeigt eine bestimmte Zahl an Büchern, die heute eintrafen und unverzüglich zuerst einmal an dieser fest eingerichteten Stelle im Schaufenster erscheinen. Morgen stehen hier (z.B.) zwölf andere Bücher. Ihre Kunden werden nach und nach lernen, daß sie wegen dieser Bücher sofort in den Laden eilen müssen.

Themen

Auf der Suche nach Themenformulierungen werden Sie feststellen, daß Journalisten die besseren Formulierkünstler sind als Werbeleute. Bei allen Themenformulierungen, die sich nicht aus den Titeln der ausgestellten Bücher schon ergeben, empfiehlt es sich, mit Titel und Untertitel zu arbeiten. Hier einige Beispiele:

- Krieg. Hat Diplomatie noch eine Chance?
- Extremsport. Abenteuer per Post?
- Extremreisen. Bürgerkrieg-Tourismus?
- Die Mega-Städte. 30 Millionen und immer noch kein Kollaps!
- E-Literatur/U-Literatur. Wir fordern gute Unterhaltung!

Übung

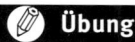

Die folgende Skizze zeigt den Grundriß einer Schaufensteranlage. Die Buchhandlung führt im Erdgeschoß Gängiges und Preisvorteil-Angebote. Im Obergeschoß sind die großen Sortimente Sachbuch, Ratgeber, Hobby sowie Fachbücher zu den Bereichen Recht und Wirtschaft untergebracht. Das Schaufenster wurde bisher immer mit einem Thema vollgepackt, könnte das nicht besser gemacht werden? Richten Sie verschiedene Rubriken ein!

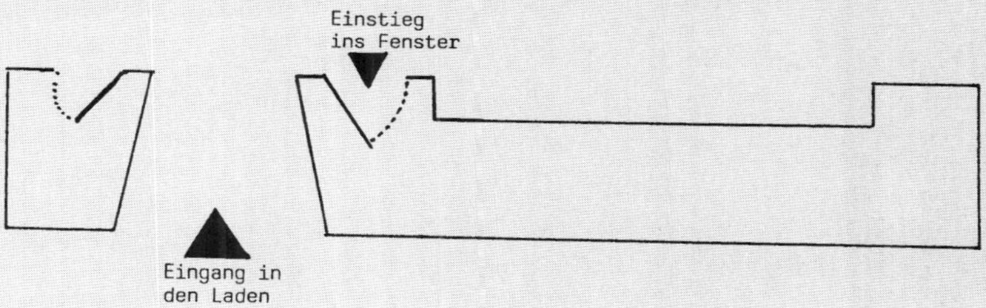

Lösungsvorschlag

Rubriken, die schnell wechseln, werden in der Nähe des Einstiegs untergebracht: der „Verlag des Monats" rechts außen.

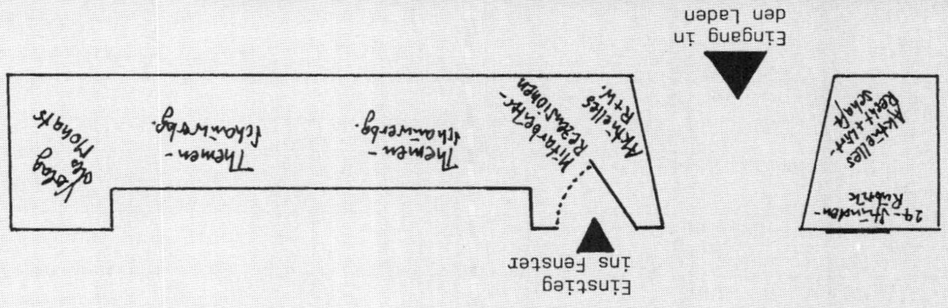

3.2 Die richtige Herangehensweise

Wie nun kann man an die Inszenierung von Themen herangehen? Die Abb. 15 (S. 40) zeigt eine Matrix mit verschiedenen Herangehensweisen. 18 verschiedene Arten Schaufenster zu gestalten, sind mir im Laufe der Zeit eingefallen, und Sie finden sie sowohl in der Randspalte als auch in der Kopfzeile der Matrix (Abb. 15.) Kleine Kommentare erläutern, was mit den einzelnen Arten gemeint ist (siehe Randspalte).

Statt Bücher immer auch: CDs, CD-ROMs, Videos, MCs, Dienste ...

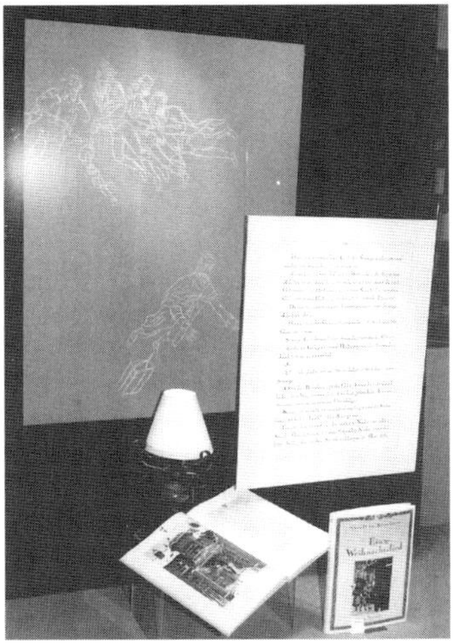

Bild 9: Ein Schaufenster als Jahreszeiten-Fenster (Kombination 3/11).

	1. Das „Themen-Fenster“ (Bücher über ...)	2. Das „Stapel-Fenster“	3. Das „Ein-Buch-Fenster“ (So wichtig, daß wir ...)	4. Das „Rubrik-Fenster“ („Einstiegs“-Gedanken, z.B.: Tips unseres Teams)	5. Das „Animations-Fenster“ (Mach' jetzt endlich ...)	6. Das „PR-Fenster“ (vorher) (Wir haben vor: ...)	7. Das „PR-Fenster“ (nachher) (Bei uns fand statt: ...)	8. Das „Wir-über-uns-Fenster“ (z.B.: Die neue Abteilung ...)	9. Das „erzählende Fenster“ (Neulich ...)	10. Das „Farb-Ästhetik-Fenster“ (Das Buch zum Sofa, Möbel ...)	11. Das „Jahreszeiten-Fenster“ (z.B. Weihnachtsbücher)	12. Das „Buchgattungen-Fenster“ (große, kleine, runde, dicke, gebundene, ...)	13. Das „Massen-Fenster“ (Wir wußten nicht wohin damit ...)	14. Das „Kachel-Fenster“ (Da fällt mir nichts ein ...)	15. Das „Zielgruppen-Fenster“ (Bücher für bestimmte Situationen)	16. Das „Kundenmotive-Fenster“ (Bücher für bestimmte Ziele)	17. Das „Lifestyle-Fenster“ (Das „Die verstehen mich“-Fenster)	18. Das „(Verlags-)Marken-Fenster“
1. Das „Themen-Fenster“																		
2. Das „Stapel-Fenster“																		
3. Das „Ein-Buch-Fenster“																		
4. Das „Rubrik-Fenster“																		
5. Das „Animations-Fenster“																		
6. Das „PR-Fenster“ (vorher)																		
7. Das „PR-Fenster“ (nachher)																		
8. Das „Wir-über-uns-Fenster“																		
9. Das „erzählende Fenster“																		
10. Das „Farb-Ästhetik-Fenster“																		
11. Das „Jahreszeiten-Fenster“																		
12. Das „Buchgattungen-Fenster“																		
13. Das „Massen-Fenster“																		
14. Das „Kachel-Fenster“																		
15. Das „Zielgruppen-Fenster“																		
16. Das „Kundenmotive-Fenster“																		
17. Das „Lifestyle-Fenster“																		
18. Das „(Verlags-)Marken-Fenster“																		

Abb. 15: Matrix für Schauwerbearten.

Bei einigen Schauwerbegattungen, z.B. Nr. 4 das „Rubrik-Fenster“ gibt es Überschneidungen zu früher Besprochenem. Mehr ironisch gemeint ist das „Kachel-Fenster“ (Nr. 14) – in Anspielung darauf, daß immer noch viele allgemeine Sortimentsbuchhandlungen ihre Schaufenster mit Büchern „auskacheln“. Auf Schaufenstergattungen wie das „Animationsfenster“ (Nr. 5) oder das „erzählende Fenster“ (Nr. 9) werde ich an anderer Stelle noch zurückkommen.

Der Reiz dieser Matrix liegt darin, daß Sie bei den Vorüberlegungen zur nächsten Schauwerbung mit den Schnittfeldern spielerisch umgehen können. Tippen Sie ohne Hinzusehen auf das Blatt. Welches Feld haben Sie getroffen? Ich z.B. finde mich auf dem Feld 5/13 = Animations-Fenster/Massen-Fenster. Schnell ist eine Gestaltungsidee hierzu gefunden. Ich packe das Fenster mit neuen Taschenbüchern unübersichtlich voll und fordere meine Schaufenstergäste auf/animiere sie dazu, die drei Titel herauszufinden, die nicht in dieses Schaufenster gehören. Es sind drei Hardcover-Bücher, die irgendwo verstreut in diesem wüsten „Taschenbuchverhau“ auftauchen.

Für diese Schaufenstergestaltung könnte man die 18 Gattungen der Matrix noch ein weiteres Mal, nämlich in der dritten Dimension (Würfel) darstellen. Dann hätte die eben geschilderte Idee die Feldbezeichnung 5/13/12 = Animation/Masse/Buchgattungen.

Aufgabe

Denken Sie sich ein Schaufenster zu der nach der eben geschilderten Methode – zufällig – zustande gekommenen Kombination 8 (das „Wir-über-uns-Fenster“) und 14 (das „Kachel-Fenster“) aus.

Lösungsvorschlag

Ja, richtig: Stellen Sie Boden, Rückwand und Seitenwände Ihrer Schauwerbeanlage richtig zu mit Büchern aller Art, aller Themen und aller Preise. Hängen Sie eine große Schrifttafel in die Mitte, auf der steht: „So haben wir bis vor einem Jahr unser Schaufenster manchmal gestaltet. Liebe Kunden, erkennen Sie den Unterschied?“

4 Umgang mit dem Thema

4.1 Die richtige Perspektive finden

Schwerpunkt dieses Kapitels sind die Themenschaufenster und Themenschauwerbungen. Vielleicht machen Sie es auf Reisen in fremde Städte wie ich, liebe Leserin, lieber Leser, nämlich, daß Sie die allseits bekannte Postkartenperspektive verlassen und das Rathaus, die Kathedrale oder das Schloß umkreisen, um auch verborgene oder ungewöhnliche Perspektiven zu finden. Ebenso verhält es sich mit Themen, die Sie in Ihrer Schauwerbung darstellen wollen. Sie können es sich gewiß einfach machen, indem Sie Gartenbücher, welcher Art auch immer, in Ihr Fenster packen und es mit „Gartenbücher" betiteln. So entstehen die sog. „Nick-Fenster". „Nick-Fenster" deshalb, weil der Blick des Betrachters zuerst nach oben auf die Schrift gerichtet ist und dann nach unten auf die Bücher fällt. „Tatsächlich – da liegen sie."

Bleiben wir beim Thema Gartenbücher. Denken wir uns in interessierte Menschen hinein, so wird ziemlich schnell deutlich, daß Gartenbuch nicht gleich Gartenbuch ist. Aus unterschiedlichen Blickwinkeln betrachtet ergeben sich vielerlei Aspekte, die in den wenigsten Fällen alle für den Betrachter interessant sind. Oft haben Kunden sehr spezielle Interessen und Wünsche. Die Vielzahl der Aspekte engt uns einerseits bei der gestalterischen Planung ein, andererseits bietet uns der einzelne Aspekt einen konkreten Rahmen, so daß wir keine gravierenden Fehler mehr machen können.
Notieren wir einmal alle Perspektiven zum Thema Gartenbücher, die uns einfallen:

Zielgruppe	Perspektiven für Schauwerbung
Kleingärtner	Schrebergartenidylle, Wettbewerbsaspekt.
Reihenhausbesitzer	Schwerpunkt Vorgärten: Blickfangmotiv z.B. aus dem Haus heraus in den Garten fotografiert.
Bürgermeister und engagierte Dorfbewohner	Hausfassaden; Dorfplatzbegrünung und -bepflanzung; Bild einer Gemeindeversammlung o.ä.

Ziergarten-Fan	Historische Gärten, Beispiele aus anderen Ländern; Blickfangpersonen z.B. aus der Barockzeit, in entsprechenden Kostümen ...
Nutzgarten-Fan	Nachbar Mayer trägt die Leiter mürrisch aus seinem Obstbaumgarten. Sein Kommentar: „Zu spät für den Baumschnitt."
Stadtplaner	Vielleicht findet sich der örtliche Stadtplanungsbeauftragte ja für ein Foto im Stadtpark bereit, und schon haben Sie den Blickfang.
Historiker	Ähnlich wie bei „Ziergarten-Fan", nur kann in diesem Fenster die Entwicklung von der Natur- zur Kulturlandschaft gründlicher zur Sprache kommen.
Mutter und Hausfrau	Hier sind eher Zimmerpflanzen wichtig ebenso der Balkonschmuck; Blickfangmotiv ist in Wohngebieten mühelos zu finden.

Sehen Sie sich die nun folgenden Achtecke in Ruhe an. Drehen Sie das Buch so herum, daß Sie ein Thema immer schräg über die im Vordergrund befindliche Perspektive anvisieren. Bemerken Sie, wie unterschiedlich das Thema von den verschiedenen Seiten und aus den verschiedenen Perspektiven heraus aussieht?

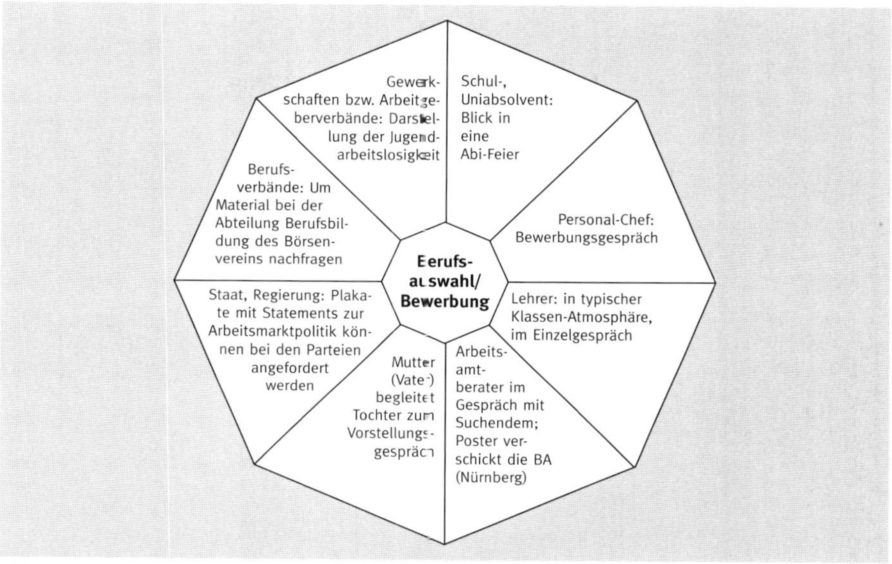

Abb. 16: Perspektiven zum Thema Berufsauswahl/Bewerbung.

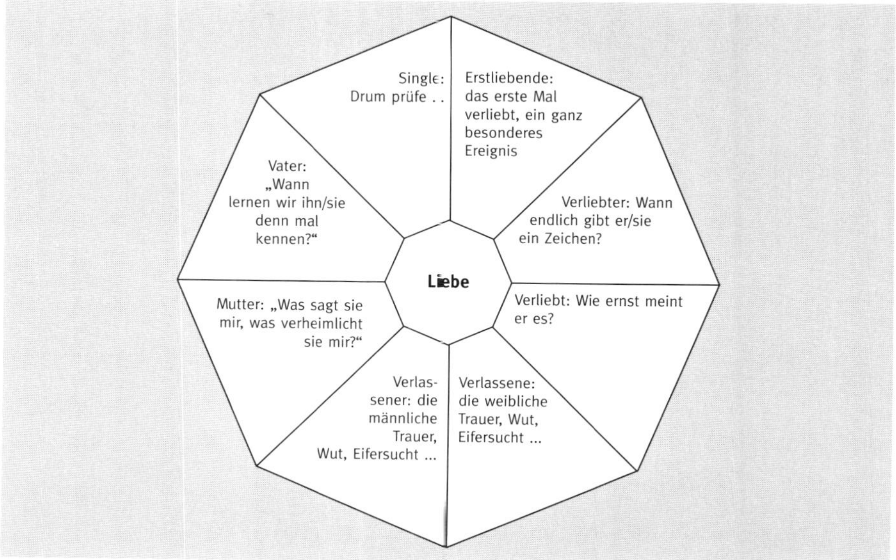

Abb. 17: Perspektiven zum Thema Liebe.

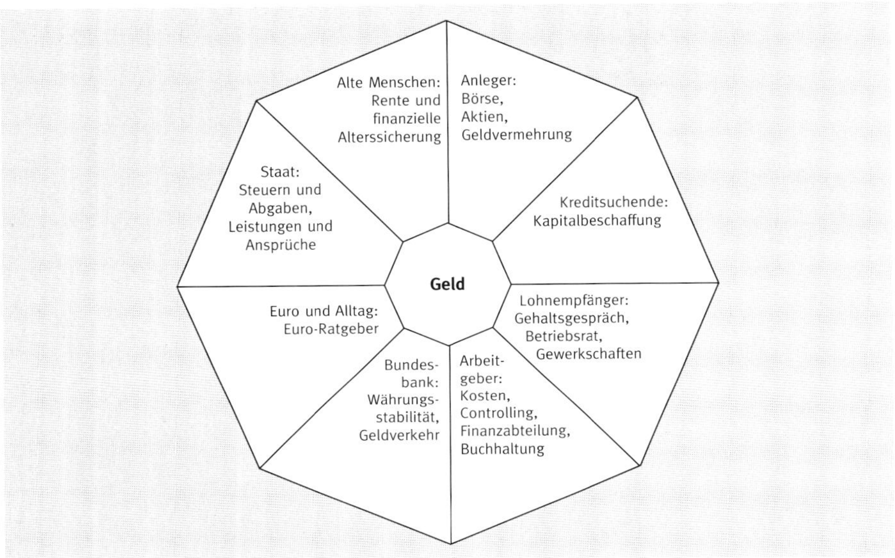

Abb. 18: Perspektiven zum Thema Geld.

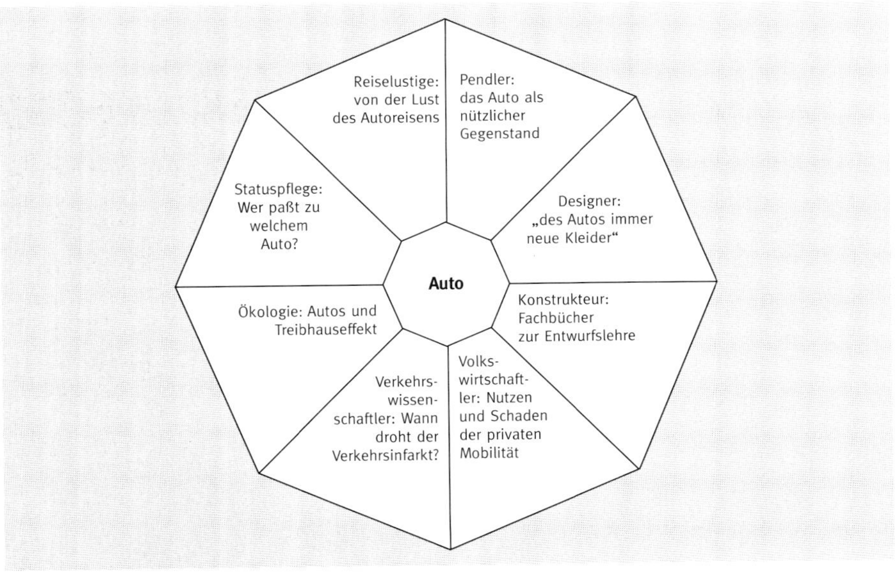

Abb. 19: Perspektiven zum Thema Auto.

Übung

Finden Sie jetzt selbst acht Perspektiven zum Thema Gesundheit heraus und tragen Sie diese ins nachstehende Schema ein!

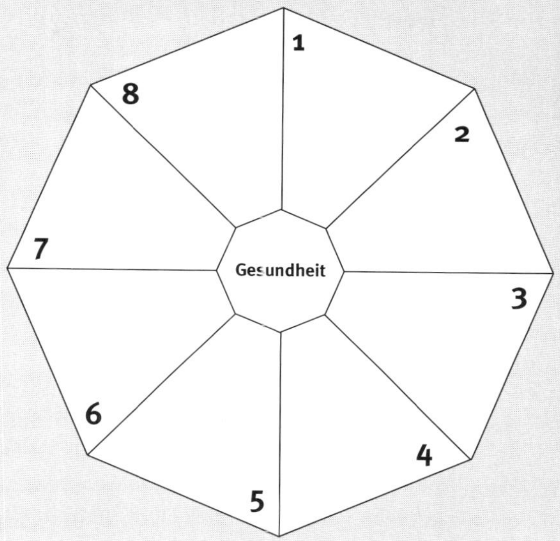

Lösung

1. Gesunder Mensch: fit sein, fit bleiben
2. Kranker Mensch: Wie komme ich wieder auf die Beine?
3. Krankes Kind: Verständnis-Helfer für Kinder und Erwachsene
4. Familie: Ratgeber für das gesunde Haus, Alltagshygiene, Schutz bei Infekten von außen
5. Sexpartner: Kondome, Kommunikation, Kontrolle, Konsultation
6. Gesundheitspolitiker: Was kostet den Staat die Gesundheit?
7. Krankenkassen: Ende der Solidarität?
8. Ärzte, Heilberufe: Schul- und Naturheilmedizin im Dialog

4.2 Den Adressaten definieren

Jeder, der irgendeine Art von werblicher Botschaft verbreiten will, tut gut daran, sich den Adressaten so konkret und lebendig wie nur eben möglich vorzustellen. Der Adressat muß im Schaufenster genannt werden, stellvertretend dafür kann auch das gezeigte Publikumssegment benannt werden; eine Angabe muß in jedem Fall in der Schauwerbeinszenierung gemacht werden. Nehmen wir als Beispiel das eben gewählte Thema „Gesundheit". Aus der Perspektive „Krankenkassen", kann die Schlagzeile wie folgt lauten: „Liebe AOK, warum zahlst Du meine Brücke nicht voll?", was nicht heißt, daß man die AOK unter den Passanten erwartet!
Ein Tip, der Ihnen beim Ansprechen der Zielgruppe Ihrer Buchhandlung hilft: Bezeichnen Sie die in Ihrer Buchhandlung häufig vorkommenden Zielgruppen nach dem herkömmlichen Zielgruppenverständnis. Die Zielgruppe wird hierbei als eine Anzahl von Menschen mit gleichen oder sehr ähnlichen Lebenssituationen definiert. Kriterien können sein Geschlecht, Alter, Familienstand, Einkommenssituation, Vorbildung usw.
Unabhängig von der Zielgruppensuche sammeln Sie dann die in Ihrer Buchhandlung häufig beobachteten Motive und Beweggründe für einen Kauf, so z.B. Wunsch nach Bequemlichkeit, Geld sparen, Freude machen/erfahren, im Beruf weiterkommen, Prestige erreichen, Schnäppchen machen, Besitzstreben, Zeit strukturieren, sich zugehörig fühlen, als autarke Persönlichkeit gelten, Familie pflegen etc.
Wenn Sie jetzt in einer Matrix die Zielgruppen auf der Kopfzeile und die Motive auf der Randspalte aufzählen, dann kommen Sie zu einer sehr brauchbaren, neuen, kombinierten Zielgruppenformulierung, etwa „A/7 – Senior mit Einkommen, bildungsbeflissen". Für diesen Adressaten können Sie nun sehr viel konkreter Schauwerbung machen. Beispiel: Präsentation von Reiseführern und zusätzlicher Lektüre über die Geschichte, Sprache oder die Fauna und Flora des Landes.

Aufgabe

Die Abb. 20 (S. 49) zeigt eine solche Matrix zur Zielgruppenbenennung. Formulieren Sie die Zielgruppe und das gezeigte Programm für das Schnittfeld „E/3".

Lösungsvorschlag

Die sozial engagierte „Helferseele", angesprochen bei ihrem Wunsch nach Kontakt und Geselligkeit. Sicherlich passen hier der Jahreszeit entsprechende Ratgeber für Treffs und Parties ins Programm, wie z.B. „Jahrestreffen unterhaltsam gestalten".

Häufig zu beobachtende **Lebens-situationen** unserer Kunden (Traditionelles **Zielgruppen-**Verständnis)

Häufig festzustellende **Motive** unserer Kunden

		Senior mit Rente und oder Einkommen aus Vermögen, Erbschaft	Berufstätiger in gehobener Position, Selbstständiger/Manager mit beruflicher Verpflichtung	Eltern/Paar mit geringem Einkommen, Arbeitslose bzw. Sozialhilfeempfänger	Student bzw. Schüler, Auszubildender, Single	Sozial engagierte Menschen ab 30 J. oft Lehrer, Jugendgruppenleiter, Kindergottesdiensthelfer ...	(Ehe-)frau/Mutter ab 45 J. mit hohem Einkommen	Kinder um 10 J. (mit Taschengeldeinkommen)
		A	**B**	**C**	**D**	**E**	**F**	**G**
Wertschätzung erleben (beschenkt werden)	**1**							
Anleitung erhalten (vermittelt Sicherheit)	**2**							
Kontakte, Geselligkeit erleben	**3**							
Prestige ausstrahlen	**4**							
Schnäppchen machen	**5**							
„Auf dem laufenden“ sein (bleiben)	**6**							
Gebildet (nicht eingebildet) wirken	**7**							
Zeit unterhaltsam oder nutzbringend erleben	**8**							

Abb. 20: Matrix für die Zielgruppenbenennung.

4.3 Die Absicht der Schauwerbung festlegen

Gehen Sie noch weiter, bevor Sie mit der praktischen Gestaltung des Schaufensters anfangen: Fragen Sie nicht nur „Wen will ich erreichen?“, sondern auch

- „Was soll die umworbene Person *tun?*“

Beispiel: „Entnehmen Sie dem Körbchen eine Lösungskarte und beantworten Sie die Schaufenster-Preisfrage.“

- „Was soll die umworbene Person *denken?*“

Beispiel: „Zum Staunen: Klassiker und ihre Hauptberufe.“

- „Wie soll sich die umworbene Person *fühlen?*“

Beispiel: „Entdecken Sie den Künstler, der in Ihnen steckt!“

4.4 Die Schauwerbung als Werbestory

Das ist mein Lieblingseinstieg in die Schauwerbung: Ich erzähle den Schaufenstergästen eine Geschichte, die im Alltag entsteht, so z.B.

- während eines Urlaubs in Portugal: Hochsommer, über 40 Grad, ich breche vorzeitig ab. Auf der Heimfahrt entsteht die Schlagzeile: „Statt Schwitzen Schweden. Urlaub ohne Hitzeschocks.“ (Bild 10) oder

Bild 10: Story im Fenster 1: Urlaub ohne Schwitzen.

- eine Frau kommt in den Laden, den Blick verträumt und voller Stolz zur Decke gerichtet: „Ich habe ein Buch geschrieben.“ Tatsächlich, sie hat einen Bücherstapel dabei und rechnet nicht im entferntesten damit, ich könnte den Einkauf der Bücher ablehnen. Ich beschließe aus dem Ereignis eine Schaufenster-Headline zu machen: „Bitte schreiben Sie kein Buch; es gibt so viele schöne neue fertige zu kaufen.“ (Bild 11, S. 51) oder

Bild 11: Story im Fenster 2: Schreiben Sie kein Buch!

• ich sitze im Gottesdienst und höre eine langweilige Predigt. Schon entsteht die Idee zu einem Schaufenster, das die Gemeinde auf der Kanzel zeigt – mengenmäßig paßt sie ja darauf. Der Text dazu: „Jetzt machen wir mal das Predigen" (Bild 12) o.ä.

Bild 12: Story im Fenster 3: Jetzt machen wir mal das Predigen.

4.5 Das Thema segmentieren

Es ist eine eigenartige Gesetzmäßigkeit, daß man weniger Menschen mit seiner Botschaft erreicht, wenn man sie für alle formuliert. Das klassische Beispiel hierfür: „Das gute Buch für jedermann". Solche „Allgemein"-Botschaften, die versuchen, es jedem recht zu machen, erreichen fast keinen. Die bewährte Möglichkeit, ein Thema packender darzustellen, ist daher, einzelne Aspekte anzupeilen.

Beispiel: „Reiseziel Portugal"
Nun ist „Portugal" an sich schon nur ein Aspekt aus dem breiten Segment Reisen. Wenn Sie sich aber in einen Menschen versetzen, der eine Reise nach Portugal plant, dann kommen Sie auf viele Teilaspekte, wie z.B.

- Anfahrt: Flug, Autoreise („Durchreiseländer"),
- Reiserouten vor Ort: Rundfahrten, Wandertouren,
- Architektur: Der leise Charme des Verfalls,
- Land und Leute: Die Kunst des Ausgleichs,
- Geschichte: Glanz und Gloria nur dann und wann,
- Zeitgeschichte: Europa schickt Autobahnen und Hochspannungsleitungen,
- Sprache: Die weiche Version von Spanisch,
- Literatur: Schauplatz Lissabon.

Mit diesen Ideen könnte man allein zehn Schaufenster nur über Portugal gestalten – das wäre doch im Expo-Jahr 98 die Gelegenheit gewesen, die sympathischen Gastgeber zu porträtieren.

4.6 Das Vorhaben skizzieren

In den Trainingskursen und Seminaren zur Schauwerbung ist die Skizzierung der Schauwerbung immer ein unbeliebter Punkt. Die Nachwuchskräfte in Sachen Schauwerbung probieren es lieber unmittelbar im Schaufenster, halten die teilweise sehr unförmigen Blickfangteile in Position und verständigen sich derweil schreiend mit der Teamkollegin, die sich die Sache von draußen ansieht.
Würden Sie nicht eine Skizze diesem Szenario vorziehen? Geht es doch nur darum, die Position der wichtigsten Blickfangteile grob aufzuzeigen und dabei auch zu entscheiden, in welcher Ebene die einzelnen Elemente plaziert werden sollen. Mittel der Wahl ist hierbei eine Vorlage, die die Schauwerbeanlage perspektivisch zeigt, mit wasserlöslichem Stift bemalt und in die Korrekturen leicht einzufügen sind. Die Skizze kann auch eine gute Gedächtnishilfe sein, vor allem wenn ein Fenster erst Wochen nach der Erstellung der Blickfangteile aufgebaut wird.

Wer selbst ausbildet oder einer Nachwuchskraft die Geheimnisse des „Dekorierens" vermitteln muß, braucht eine Skizze als Hilfsmittel. Denn, läßt man die lernende Person direkt am Schaufenster gestalten und ist dann mit dem Ergebnis unzufrieden, weil es nicht so aussieht wie besprochen, kann man eben nicht auf eine Skizze verweisen, anhand deren man die Unterschiede zwischen dem jetzigen Schaufenster und der vorherigen Planung aufzeigen kann. Die Einsicht des Lernenden und die Bereitschaft zur Nachbesserung wäre mit Sicherheit größer, als wenn die Kritik nur lautet: „Das da gefällt mir nicht, und dort in der Ecke fehlen noch Bücher."

An folgendem Beispiel will ich Ihnen, liebe Leserin, lieber Leser, Idee, Skizze und fertiges Schaufenster demonstrieren: Wir wollen eine Schauwerbung über die Gesundheitsgefährdung durch Rauchen gestalten. Zunächst gilt es, passendes Dekomaterial zu finden. Beim Blättern in den Stapeln der Verlagsposter und -displays stoßen wir auf ein fast lebensgroßes Plakat von Humphrey Bogart – natürlich mit Zigarette in der Hand. Dann kreieren wir einen passenden Text dazu, der auf einer Schriftbanderole erscheinen soll. Wie wir uns das Arrangement vorstellen, skizzieren wir auf einer Vorlage (Abb. 21, S. 54). Das damit realisierte Schaufenster sehen wir in Bild 13: Bücher, Figur und Schriftbanderole ergeben ein geschlossenes Ganzes.

Bild 13: Das Anti-Raucher-Fenster mit gewagter Schlagzeile.

Schaufensterplanung

.... KW, ...

.... (Termin)

Schaufenster Nr. ...., Thema: ....

Schlagzeile: ....

Werbemittel-Lieferanten: ....

Flankierende Maßnahmen:

☐ Prospekte (Ladenverteilung):..

☐ Anzeige in: ....

☐ Mailing an: ....

☐ Preisrätsel/Ladenaktion: ....

☐ ....

Skizze

Terminplan

☐ Werbemittel anfordern/einkaufen: ....

☐ Anzeige: ....

☐ Mailing: ....

☐ Schaufenster vorbereiten, Teile sichten/bauen: ....

- einbauen, Aktionstische im Laden Nr. ...
- fotografieren

☐ Belegfoto(s), Gebührenberechnung verschicken: ....

☐ Presseinformationen verschicken: ....

Abb. 21: Schaufensterplanung mit Skizze.

Aufgabe

Sie haben jetzt eine ganze Menge von Möglichkeiten, sich einem Thema oder der Schauwerbegestaltung inhaltlich zu nähern, kennengelernt. Zählen Sie die Methoden hier auf. Blättern Sie im Buch nach, wenn Ihnen der Einstieg etwas schwerfällt.

Lösungsvorschlag

Inhalte, die im Schaufenster aufgegriffen werden können, sind: Aktionen (Events), redaktionelle Rubriken (Kundenrezensionen, Gewinnspiele), journalistisch formulierte Themen, Teilaspekte eines Themas, verschiedene Adressaten und damit Perspektiven.

Ideen hierzu und zur Gestaltung erhalten Sie über die Matrix für Schauwerbungsarten und über das Anfertigen von Skizzen.

5 Werkstatt und Material

5.1 Werkstatt

Die Qualität und Effizienz Ihrer Schauwerbung, liebe Leserin, lieber Leser, hängen weniger von Ihren Fähigkeiten ab als von der Wertigkeit, die Sie der Schauwerbung beimessen. Es gibt Sortimentsbuchhandlungen, die ganz eindeutig zwei oder mehr Schaufenster, Kästen und Kojen, zudem zahlreiche Möglichkeiten für Innen-Schauwerbungen haben – aber weder einen Dekotisch noch eine sinnvolle Sortier- und Ablagemöglichkeit, z.B. für Verlagsposter und -displays. Hand aufs Herz – wie oft haben Sie schon Papppröhren auf ihren Inhalt untersucht, festgestellt, daß Sie gerade dieses Poster nicht benötigen, die Rolle wieder zurückgelegt, vergessen, was sich darin befand und in regelmäßigen Abständen erneut inspiziert? Haben Sie sich darüber nicht geärgert? Kam Ihnen nicht daraufhin öfters der Gedanke, daß Poster

- grob sortiert nach Themen und
- plano (damit die Wickelspannung sich verliert) aufbewahrt werden sollten?

Aber dann schreckte Sie der damit verbundene Aufwand und so geschah nichts.

Bild 14: Real existierende „Deko-Wirklichkeit".

Nähern wir uns dem Problem, ohne solcherlei Einwände, mit System und der Aussicht, daß Arbeit, die leicht von der Hand geht auch mehr Spaß macht.

Der Werkstattraum

Der Werkstattraum muß verdunkelbar sein. Dem kommt entgegen, daß er sich in den meisten Buchhandlungen im Keller befindet. Daß es objektiv betrachtet keinen Raum hierfür gibt, trifft nur in wenigen Fällen zu. Eher ist es wohl so, daß verfügbarer Platz überfüllt ist mit Dingen, die Buchhändler (die ja zur Spezies der Sammler gehören) nicht wegwerfen möchten. Allem voran findet man alte Lieferantenmöbel, die ihren Dienst getan haben, und die nur noch eins verdienen: ein Recycling für ein zweites Leben.

Ohne weiter darauf einzugehen, möchte ich Ihnen den Rat geben, großzügig zu entrümpeln. Auch die „Stück-für-Stück-Kontrolle“, d.h. verschiedene Teile auf ihre Verwendbarkeit zu prüfen, erübrigt sich: Was Sie fünf Jahre lang erwiesenermaßen nicht benötigten, werden Sie auch in den nächsten fünf Jahren nicht mehr brauchen. Also: weg damit. Und schon haben Sie den Platz, um folgendes realisieren zu können:

- *Der Werktisch*

Der Werktisch sollte etwas höher sein als ein normaler Arbeitstisch, da Sie in der Regel im Stehen daran arbeiten. Stellen Sie den Tisch so zur Lichtquelle, daß Sie ein helles Licht und keine Schatten haben, oder legen Sie die Beleuchtung an die entsprechende Stelle. Es ist egal, wie alt, schön oder häßlich der Tisch ist – stabil muß er sein und eine harte Oberfläche sollte er haben, damit Sie darauf Papier oder Dekoplatten mit dem Cutter schneiden können. Vorteilhaft ist es, wenn Sie möglichst große Spanplatten vorrätig haben, die Sie auf die Tischplatte legen können, um sie zu schützen.

Gehören Sie zu den wenigen Buchhandlungen, die keinen eigenen Raum für Dekoarbeiten haben, dann genügt als Werktisch eine Spanplatte und zwei Böcke (in jedem Baumarkt zu kaufen). Sie bauen ihn für Ihre Schauwerbearbeiten auf und lassen ihn danach wieder zwischen zwei Schränken verschwinden (Bild 15, S. 61). Die Spanplatte hierfür sollte mindestens 16 mm stark sein, damit sie sich nicht biegt (Format 100 × 120 cm).

- *Das Posterregal*

In das Posterregal gehören die im Laufe der Zeit eintreffenden Poster der Verlage oder anderer Produzenten. Das können sein: die Bundesanstalt für Arbeit, die Filmverleih-Firmen, Krankenkassen, Parteien, Industriefirmen etc. Die Postersammlung hat einen unschätzbaren Wert, denn es ist überhaupt nicht vorauszusehen, in welchem thematischen Zusammenhang ein Poster oder ein Display in Ihrem Schaufenster tatsächlich eingesetzt wird. So landete beispielsweise ein Hai von einem belletristischen Hanser-Plakat später in einem Schaufenster mit der Thematik „Gefahren des Tauchens“.

Zurück zum Posterregal: Die Regalböden sollten ausreichend groß sein, Tiefe mindestens 70 cm, Breite mindestens 110 cm, Höhe mindestens 10 cm zwischen den Böden. Desweiteren sollte es nicht aus Spanplatten bestehen, ratsam sind statt dessen gehobelte Dachlatten, die im rechten Winkel zur Regalvorderkante verlaufen sollten und einen Abstand zueinander von ca. 5 cm haben können. So fällt der Staub durch, und Sie müssen das Möbel nie reinigen (Bild 17, S. 62). Die Poster heben Sie in Mappen grob sortiert auf; empfehlenswert ist diese Segmentierung:

- Kinder- und Jugendbuch
- Sachbuch/Hobby/Ratgeber
- Reise
- Belletristik
- Kunst
- Fachbuch
- Sonstiges

Postermappen gibt es in Kunsthandlungen. Sie können sich aber auch selbst aus den großen Wellpappteilen, in denen die Verlage Displays verschicken, Postermappen herstellen. Geben Sie sich einen Ruck und lassen Sie gleich zwei solcher Regale herstellen. Das zweite benutzen Sie für die Zwischenlagerung von Displays. Es wird Ihnen auch unschätzbare Dienste leisten, wenn es darum geht, fertig erstellte Blickfänge für ein geplantes Fenster, das in zwei Wochen aufgebaut werden soll, zwischenzulagern. Wo nämlich lassen sich in einer Buchhandlung sperrige und zudem empfindliche Gegenstände zwei Wochen lang lagern, ohne daß sie Schaden nehmen, wenn nicht in einem solchen Regal?

Sprühnische
Nur in Ausnahmefällen wird man ein Poster unbearbeitet verwenden, also direkt auf eine Tür oder Möbelfläche ankleben können. Meistens müssen Plakate auf ein Trägermaterial aufgezogen werden. Dazu verwenden Sie am besten Sprühkleber. Wenn Sie einen alten kleinen Tisch erübrigen können und zwei große Kartondeckel im rechten Winkel darauf stellen, haben Sie eine gute Sprühnische geschaffen, und der Sprühnebel verteilt sich nicht im ganzen Raum (Bild 16, S. 61).

Wandfläche für Projektion
Mitunter muß ein Umriß, eine Schrift oder eine Kontur vergrößert werden. Da ist es hilfreich, eine Dekoplatte (10 mm Stärke, 100 × 140 cm) mit Doppelklebeband an der Wand zu befestigen. Mit Dekonadeln können Sie jetzt die Dekoplatte, auf der die Markierungen aufgetragen werden sollen, oder anderes Material, das bearbeitet werden soll, daran anbringen. Mit einem Episkop oder Overhead-Projektor werfen Sie den gewünschten Umriß, auf Ihre Dekoplatte, um sie als Blickfang vergrößert nachzuzeichnen oder um die Konturen für die nachfolgende Bearbeitung zu schaffen.

Steckdosen

Steckdosen sollten in ausreichender Menge und an den Stellen, wo sie gebraucht werden, vorhanden sein. Wird häufig in diesem Raum gearbeitet, so trägt ein Knäuel aus Verlängerungsschnüren und Mehrfachsteckern nicht zur Hebung der Arbeitslaune bei.

Regale

Regale zum Verstauen der Arbeitsgeräte und Anlagen, Werkzeugkästen, Sprühkleber- und Sprühfarbdosen kann man gar nicht genug haben. Sie sollten an Tiefe und Höhe der einzelnen Böden reichlich bemessen sein. Viele Möbel-Mitnahmemärkte bieten einfache Regale zu sehr günstigen Preisen an.

Dekolager

Vor der Einrichtung unserer schönen neuen Werkstatt haben Sie das Dekolager „ausgemüllt“. Nun scheint sich dieses auf heimtückische Art wieder aufzufüllen und noch weiter zu vergrößern. Also: wegschmeißen, wegschmeißen, wegschmeißen! (Bild 18, S. 62).

Aufgabe

„Aber man kann doch nicht alles wegschmeißen“, werden Sie einwenden.
Total von der Hand zu weisen ist es vielleicht doch nicht. Morgen schon könnte man etwas suchen, was man heute wegwirft – o.k.
Befassen wir uns daher kurz mit der Handhabe des Wegwerfens. Regel sollte sein: Alles, was wir an konkreten Darstellungen zu einem Thema oder einem Gedanken einmal gezeigt haben, hat seinen Dienst getan und kommt weg. Was aber lohnt, aufgehoben zu werden?

Lösungsvorschlag

Es gibt Elemente, die in anderer Kombination zu einem Bild oder einem neuen Gedanken werden. Dazu zählen z.B. Tücher oder Leinwandstoffe aus dem Einkauf beim Dekohandel oder aus Dekosets und Kunststofformteile von Verlagen, wie z.B. Würfel oder Kugel. Diese Dinge verdienen aufgehoben zu werden. Klar auch, daß ich mir die Litfaßsäule von meinem Ladenbauer aufhebe – im Dekohandel würde sie zirka tausend Mark kosten.

Bild 15: Spanplatte plus Tischböcke = Werktisch.

Bild 16: Sprühnische im Gebrauch.

Bild 17: Posterregal, „plano“ gelagert und nach Sachgebieten sortiert.

Bild 18: Das Dekoteile-Regal.

5.2 Anlagen, Geräte und Werkzeuge

Anlagen und Geräte

Wichtige Anlagen, die für die Erstellung von Blickfangteilen benötigt werden, sind heute im Büro jeder Buchhandlung bereits vorhanden.

• *Fotokopierer*

Mit Vergrößerungsfaktor 156 wird eine Vorlage bereits mehr als verdoppelt. Das reicht oft schon, um z.B. die Texte auf dem Buchrücken so zu vergrößern, daß sie im Schaufenster gut gelesen werden können (Bild 19, S. 66). Will man noch mehr vergrößern, so müssen die einzelnen Stücke nachher auf der großen Dekoplatte zusammenmontiert werden. Dabei ist darauf zu achten, daß alle Teile der Vorlage vom Kopierer erreicht werden und keine Lücken entstehen. Beim Montieren später ist von oben nach unten zu arbeiten, damit bei schräg von oben einfallendem Licht die Überlappungsränder nicht als Schatten auf dem Display erscheinen.

• *Episkop und Overhead-Projektor*

Weitere Möglichkeiten, Zeichnungen oder Konturen zu vergrößern, sind Episkop und Overhead-Projektor. Episkope sind Projektoren für Bilder. Die Vorlage wird starkem Licht ausgesetzt und über eine Spiegeloptik auf eine Leinwand projiziert (Bild 20, S. 66). Da die Helligkeitsausbeute auf der Leinwand (oder in unserem Fall auf der Dekoplatte, auf der Sie die Kontur nachziehen wollen) nicht eben üppig ist, muß der Raum sehr gut verdunkelbar sein.

Overhead-Projektoren „powern" so viel Licht auf die Leinwand, daß Sie auf eine Verdunklung des Raumes verzichten können; so kann beispielsweise noch jemand eine andere Arbeit im Raum erledigen. Allerdings müssen Sie Ihre Vorlage vorher auf Folie kopieren, weil der Overhead-Projektor nach dem Durchlicht-Prinzip funktioniert.

Ein Episkop wird schwer zu finden sein. Vielleicht führt Ihr Fotohändler noch eines oder Sie fragen im Spielwarenladen. Früher haben Kinder ihre Comics im dunklen Zimmer an die Wand projiziert. Ein Overhead-Projektor dürfte neu mindestens um die 600 DM kosten. Mag sein, Sie brauchen einen für Schulung oder Vorträge vor Kunden. Vielleicht können Sie aber auch in einer Schule einen ausgemusterten „erben", den Ihnen der gutwillige Hausmeister ein letztes Mal repariert.

• *Profischrift aus dem Computer*

Per PC läßt sich annähernd jeder Text in jeder gewünschten Schriftart auf DIN A4 ausdrucken. Durch die Vergrößerung, z.B. mittels Kopierer wie eben beschrieben, erzielen Sie so das gewünschte Format. Kleben Sie dann das weiße Schriftpapier aus dem Kopierer auf die ebenfalls weiße Dekoplatte, die Ränder sind kaum erkennbar.

• *Neoprint-Druckstempelanlage*
Direkt auf den Schriftträger drucken können Sie mit der Neoprint-Druckstempelanlage. Vielleicht steht noch eine in Ihrem Dekokeller, die früher benutzt wurde (Bild 21, S. 67). Suchen Sie sich eine Anleitung oder fragen Sie jemanden, der mit dieser Anlage noch umgehen kann. Mit der Neoprint-Technik können Sie einen Text sehr exakt und direkt auf das Trägermaterial, z.B. die Dekoplatte aufbringen. Eine neue Anlage dieser Art mit Stempel in zwei Größen (Groß- und Kleinbuchstaben, eine Typographie) inkl. Stempelfarbe und -kissen kostet ca 1.700 DM (Lieferant: Firma Karl Gröner, Ulm-Söflingen).

• *Gerade Schnitte mit Schiene und Cutter*
Sie brauchen sie, eine mindestens 1 m lange, schwere Schneideschiene aus Metall, damit Schnitte wirklich gerade werden. Es gibt sie im Zeichenartikelgeschäft oder im Versand. Der Preis dürfte um die 90 DM liegen. (Siehe auch Aufstellung „Werkzeug", S. 70.)

• *Stützen und Ständer, zum Realisieren fast jeder gewünschten Schräglage der im Fenster gezeigten Bücher* (Bild 22, S. 67).
Um Bücher senkrecht zu stellen brauchen Sie T-Ständer aus Metall, je Fenster ca. zehn Stück, Preis je ca. 4 DM, zusammen 40 DM.
Schrägsteller aus Plexiglas in Normalhöhe kosten ca. 22 DM, man braucht je Fenster ca. fünf Stück, zusammen 110 DM.
Schrägleger aus Plexiglas kosten je 5,40 DM. Sie brauchen ca. drei je Fenster, zusammen 16,20 DM.
Um Bücher im Schaufenster zu türmen, brauchen Sie Plexiglaswinkel von 25 cm Höhe in einer Schenkellänge von 15 cm, je 13,50 DM. Circa fünf je Fenster werden benötigt, zusammen 67,50 DM.
Die dazugehörigen (Plexi-)Glasplatten im Format 20 × 30 cm kosten je 7,50 DM. Vorschlag: 5 je Fenster, zusammen 37,50 DM.
Alle Stützen, Ständer etc. zusammen je Fenster also ca. 271 DM.
(Speziallieferant von Plexiteilen für die Dekowerkstatt ist die Firma Höll-Dekor, Freigericht-Horbach.)

• *Das Styropor-Schneidegerät*
Es sieht aus wie eine Laubsäge – nur daß der Bügel kein Sägeblatt spannt, sondern einen erhitzbaren Draht (Bild 23, S. 68). Schaltet man ein, kann man die Temperatur so regeln, daß eine beliebig dicke Styroporplatte absolut sauber geschnitten – nein: getrennt wird. Zudem macht der Vorgang fast kein Geräusch, was für empfindliche Ohren sehr wohltuend ist. Wollen Sie eine Schlagzeile besonders wirksam

realisieren, so besorgen Sie sich Pappschablonen der benötigten Buchstaben, pieksen Sie diese mit Dekonadeln auf eine Styroporplatte geeigneter Stärke. Sie können nun mit dem erhitzten Draht alle Buchstaben konturengenau zum Wort und zur Zeile zusammenfügen. Den Text, der später im Schaufenster erscheinen soll, legen Sie nun in Spiegelschrift an einer Tischkante entlang. Kleben Sie einen 1 cm starken schwarzen Streifen Dekoplatte über alle Buchstaben, damit diese zusammenhalten. Die schwarze Farbe verhindert, daß der Streifen später im Schaufenster vom Auge wahrgenommen wird. Die nächste Zeile kann mit dünner Dekoschnur daruntergehängt werden. So kann die komplette Schlagzeile in der Schauwerbeanlage beliebig plaziert und auch beleuchtet werden. Das Schneidegerät gibt es in verschiedenen Größen und kostet zwischen 300 und 700 DM. Beziehbar ist es bei der Firma Barthelmess in Frankfurt a. M

Noch zwei Hinweise für Ersttäter: Buchstaben mit geschlossener Kontur wie das „O“ machen besondere Mühe: Sie stechen in das Styropor ein Loch, gehen mit dem abgekühlten (!) Draht des Styropor-Schneiders durch das Loch, schalten das Gerät ein und schneiden das Innenteil heraus. Die einzelnen Schritte zeigen die Bilder 54, 55, 56, 57 (S. 92f.). Was das Kleben von Styropor betrifft, müssen Sie aufpassen, einen geeigneten Klebstoff (für Styropor) zu verwenden. UHU-Alleskleber ist beispielsweise nicht geeignet, da er das Styropor zerfrißt.

Werkzeug

Gutes und vor allem vorhandenes Werkzeug, komplett beisammen im Werkzeugkasten, garantiert schon den halben Erfolg. Die nun folgende Checkliste für Ihren Werkzeugkasten sollten Sie, zumindest für die Stückpreis-Spalte, verdoppelt und verdreifacht anrechnen, je nachdem, wie viele Schaufenstergestalter im Zweifel bei Ihnen gleichzeitig tätig sind.

Checkliste

- ☐ Krokodilzangen (Spitzzange)
- ☐ Hammer
- ☐ Schere
- ☐ Cutter
- ☐ Reserveklingen für Cutter
- ☐ Dekoschnur (0,3 mm)
- ☐ Zollstock
- ☐ PRITT-Klebestift
- ☐ UHU-Alleskleber, dünnflüssig
- ☐ Tesafilm auf Abroller
- ☐ Dekonadeln, Eisen verchromt (50 mm)
- ☐ Dekonadeln, Eisen verchromt (35 mm)
- ☐ Vorrat
- ☐ Lineal
- ☐ Bleistifte
- ☐ Bleistiftspitzer
- ☐ Radiergummi
- ☐ Baumwollappen
- ☐ Filzschreiber für ca. 10 mm Strichstärke

Bild 19: Vergrößern mit dem Kopierer.

Bild 20: Vergrößern und Nachzeichnen mit einem Episkop.

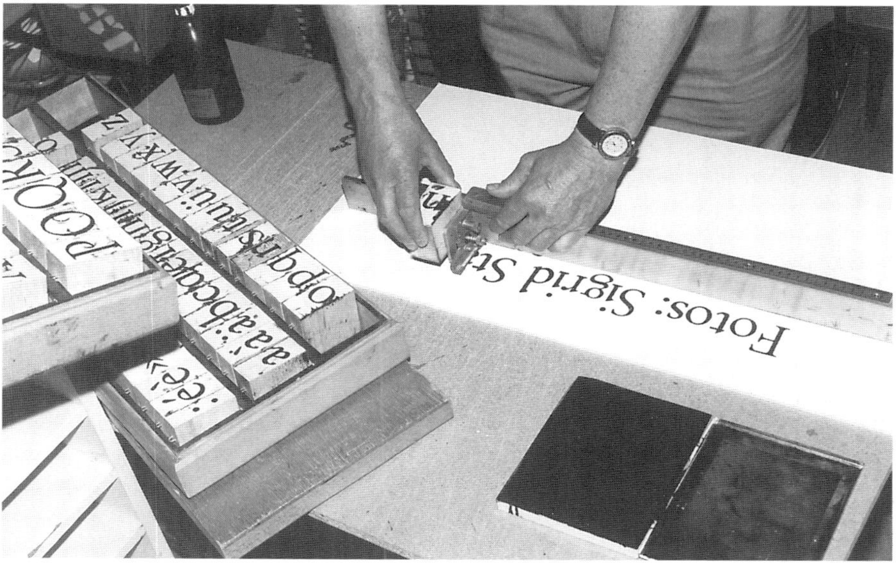

Bild 21: Drucken mit Neoprint.

Bild 22: Stützen und Ständer aus Plexiglas.

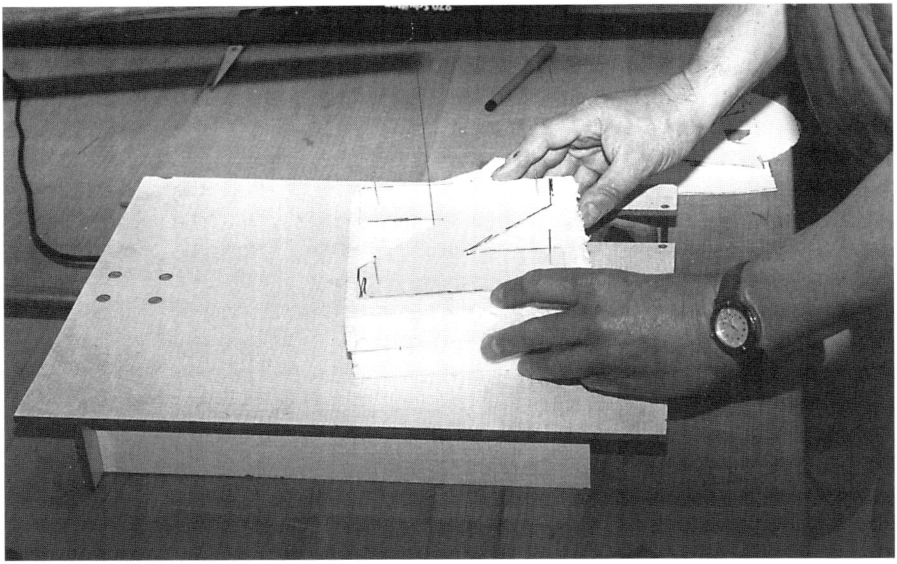

Bild 23: Styropor schneiden.

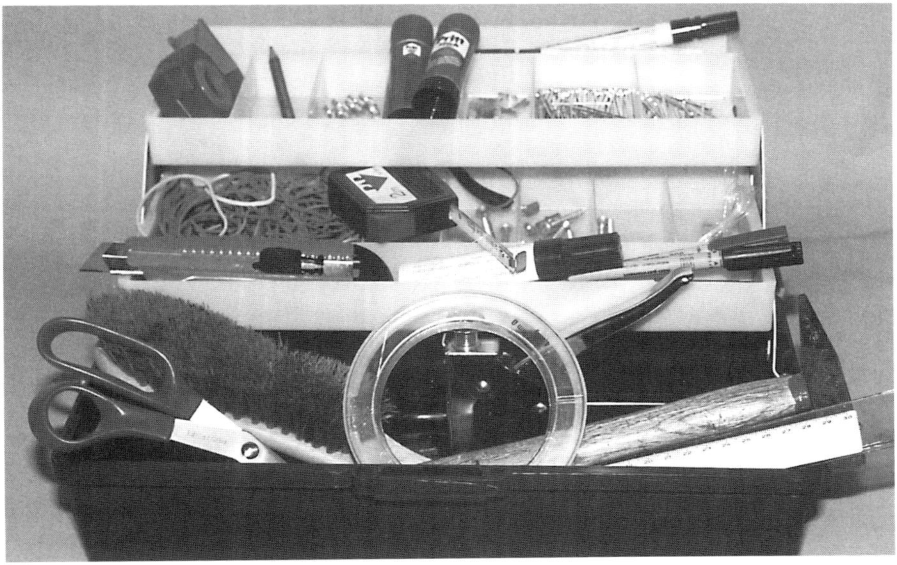

Bild 24: Der Werkzeugkasten.

Die Preise für die einzelnen Werkzeuge können je nach Qualität und Einkaufsquelle erheblich voneinander abweichen. Die nachfolgende Übersicht soll Ihnen daher nur einen Eindruck vermitteln, was in etwa an Kosten auf Sie zukommt.

Werkzeug/ Verbrauchsmaterial	DM pro Stück	Stückzahl (Reserve)	zusammen DM
Werkzeugkasten	15		15
Bleistiftspitzer	1	2	2
Cutter (Schneidemesser)	4	2	8
Reserveklingen (12 Stück)	5	2	10
Edding Filzschreiber schwarz, blau, grün, rot; (4–12 mm) je 8,50 DM	34	2	68
Edding Filzschreiber schwarz, blau, grün, rot; (5–18 mm) je 11 DM	44	2	88
Hammer	10	1	10
Lappen			
Lineal, 30 cm Schere, 21 cm lang	1,50 20	1 1	1,50 20
Spitzzange, Krokodilzange	15	1	15

Werkzeug/ Verbrauchsmaterial	DM pro Stück	Stückzahl (Reserve)	zusammen DM
Zollstock, Meterstab	3	1	3
Tacker, Aktionspreis ab 10 DM, Qualitätsprodukt:	50	1	50
Schneidestange (Metall) zum Schneiden mit Cutter, 1 m	90	1	90
Verbrauchs-material			
Alleskleber, dünnflüssig	5	2	10
Bleistifte, mittelweich	1	5	5
Dekoplatte „kapa line“ 0,5 cm stark, 70 × 100 cm 25 Platten	250	1	250
Dekoschnur Durchmesser: 0,3 mm Länge: 200 m	5	5	25
Dekonadeln (Eisen, verchromt, biegsam) Länge: 38 mm Packung: 1.500 g	18	1	18

Werkzeug/ Verbrauchsmaterial	DM pro Stück	Stückzahl (Reserve)	zusammen DM
Dekonadeln (Eisen, verchromt, biegsam Länge: 50 mm Packung: 1.500 g	18	1	18
Gummiringe, Sortiment	5	2	10
Klebeband, farbig zum Markieren	3	5 (diverse Farben)	15
Moltonstoff Breite: 130 cm Länge: 500 cm	9/m	5 m blau 5 m schwarz	90
Plakatkarton	5	10 diverse Farben	50
Radiergummi	1	2	2
Sprühkleber, FCKW-frei	20	3	60
Sprühfarbe, FCKW-frei diverse Farben, styroporfest	30	5	150
Tesafilm, Handabroller	8	3	24
Wellpappe, gebraucht Verlags- und Werbemittel-verpackung	–	–	–

Werkzeug und Verbrauchsmaterialien sind im Warenhaus und im Schreibwarengeschäft zu kaufen bzw. über Spezialgeschäfte für Dekomaterialien, wie z.B. Barthelmess (Frankfurt a. M.) zu beziehen.

Ohne Berücksichtigung der aus Altbeständen oder vom Hause stammenden Gegenstände wie Spanplatten oder Arbeitstisch kostet die Dekowerkstatt also: ca. 4.100 DM.

1. Anlagen und Geräte:	
Neoprint-Stempelanlage, neu	1.700 DM
Episkop, gebraucht (oder Overhead-Projektor, gebraucht)	200 DM
Schaufenster-Dekohilfen	505 DM
Schneidegerät für Styropor	+ 600 DM
	3.000 DM
2. Werkzeug	380 DM
3. Verbrauchsmaterial Grundausstattung	+ 712 DM
	4.100 DM

Gemessen daran, daß eine Buchhandlung alles in allem leicht eine halbe Million kostet, sind die 4.000 DM für eine komplett arbeitsfähige Dekowerkstatt meines Erachtens gut angelegt.

Aufgabe

Welche Techniken zum Vergrößern von Vorlagen haben Sie in diesem Kapitel kennengelernt?

Lösung

Es gibt die Mehrstufenmethode mit dem Kopierer. Man muß dann das Blickfangteil zusammenmontieren. Die andere Möglichkeit besteht darin, mit einem Episkop die Vorlage auf Dekoplatte zu projizieren und nachzuzeichnen. Dieses geht auch mit einem Overhead-Projektor.

In den folgenden Kapiteln, liebe Leserin, lieber Leser, werden Sie die bisher angesprochenen Techniken am konkreten Beispiel noch genauer kennenlernen.

6 Allgemeine Techniken

6.1 Farben

Die Farbzusammenstellung einer Schauwerbung wird von den einzelnen Exponaten sehr stark mitbestimmt. Da der Hersteller eines Buches nicht wissen kann, für welche Farbe sich ein Kollege in einem anderen Verlag bei einem Buch gleichen Themas entscheidet, stehen zwangsläufig Bücher mit unterschiedlicher Coverfarbe in unseren Themen-Schauwerbungen nebeneinander.

Die Boden- Rückwand- und Seitenwandbespannung haben wir, was die Farbe betrifft, schon eher in der Hand. In den Abbildungen dieses Buches werden Sie oft auf schwarze Rückwände stoßen. Das liegt daran, daß Schwarz eine nicht zu überbietende Rückwandfarbe ist. Vor Schwarz erscheint ein heller Gegenstand sehr nah; ist er gar rot, ergibt sich ein starker Kontrast – ohne daß der Gegenstand sehr groß sein muß. Überhaupt sind die Farben Rot und Gelb ein offensives „Geschwisterpaar“, die vor schwarzem Hintergrund ihre Dynamik am besten entfalten.

Eine Inszenierung vor schwarzem Hintergrund tritt stark nach vorn zum Schaufenstergast hin; auf schwarzem Schaufensterboden wird sie nach oben gehoben. Schwarze Seiten schotten die Inszenierung wirksam gegen die Nachbarveranstaltungen ab. Diese Tatbestände gelten leicht abgeschwächt auch für dunkle Flächen, also dunkelblau oder braun. Apropos braun: Vor schwarzem Hintergrund entfaltet ein braunes Exponat noch seinen vollen Rot-Gehalt, vor weißer Fläche wirkt es schwarz.

Bei dunklem Hintergrund entsteht allerdings auch ein Nachteil, die intensivere Beleuchtung: Mit Licht darf nicht gespart werden, vor allem an hellen Tagen, an denen die Schaufensterscheibe zum Spiegel degeneriert – ein Effekt, den der schwarze Hintergrund noch verstärkt.

Ein guter Farb-Lehrmeister ist die Natur. Der blaue Himmel bildet für alle erdenklichen Farben einen geeigneten Hintergrund. Probieren Sie es aus: Vor Blau können Sie Inszenierungen beliebiger Farbkombinationen aufbauen. Ich habe mir deshalb in der Lehrbuchhandlung der Buchhändlerschule in Seckbach variable plazierbare Rückwände im Format 120 × 120 cm gefertigt, die aus Dachlattenrahmen bestehen und mit Moltonstoff bespannt sind. Die eine Seite ist blau, die andere schwarz. So sind die am meisten benötigten Rückwandfarben stets zur Hand.

Manchmal zwingt ein Thema zu einer bestimmten Rückwandfarbe (wobei ich zugleich Seitenwand und Boden meine), wie beispielsweise in folgenden Situationen:

Kliniksituation:	grün (OP-Kittel) vor weiß
Obsternte:	herbstorange vor grün
Mord:	schwarz vor rot

Ist das nicht der Fall, gibt es meines Erachtens die folgende Rangfolge für die Wertigkeit von Rückwandfarben:

1. blau
2. schwarz
3. braun
4. weiß oder grau

Nicht zu vergessen: Die Unternehmensphilosophie der Buchhandlung muß in den Farben zum Ausdruck kommen. Die beiden folgenden Beispiele zeigen passende Farben auf.

Bücherstube:	braun
„Welt der Bücher“:	blau

Auch die Jahreszeiten können die Farben bestimmen, in die eine Schauwerbung getaucht wird.

Frühling:	blattgrün
Sommer:	sonnengelb
Herbst:	herbstlauborange
Winter:	blau/weiß

In „Schaufenstergestaltung“ von Lothar Hallhuber, erschienen bei Bruckmann in München, empfiehlt der Autor folgende Farbkontraste:

Untergrundfarbe	*Farbe der Schrift oder Zeichnung*
schwarz	gelb, weiß, hellgrün, hellblau, hellrot
blau	schwarz, weiß
grün	hellrot, gelb, weiß
orange	schwarz, dunkelblau, dunkelgrün, dunkelbraun

Vier Praxisbeispiele dazu, zeigen die Bilder 25–28 auf den Seiten 97f. Bild 25 zeigt ein Schaufenster zum Thema „Krimi“, dessen Blickfangpunkt eine rote Rose ist, aus der – bei näherem Hinsehen erst wird es deutlich – ein Knochenfinger ragt. Die Rosenblüte ist das einzige Rot in diesem Schaufenster, und eben dadurch wirkt sie so stark. Die Leuchte besteht aus Schirm und umgekehrtem Schädelknochen als

Lampe. Das Gruseln kommt auf, die friedliche Atmosphäre des Schaufensters entpuppt sich als grausige Täuschung.

Bild 26 zeigt eine Schauwerbeszene, in der zwei rote Punkte sehr geschickt miteinander kommunizieren. Die Lippen der schönen, geheimnisvollen Reisenden und das hochgestellte rote Buch wecken sofort die Aufmerksamkeit des Betrachters.

Bild 27: Hier kommt der Zufall zu Hilfe. Es ist Weihnachten, Winter also, und wir verwenden zwei Verlagsplakate, die sich für eine Gestaltung dieses Themas geradezu aufdrängen. Der Junge, der aus seinem warmen Zimmer (heller Braunton) nach draußen blickt, erlebt die kalte Szene beim Stall von Bethlehem, vor dem ein Esel wartet. Wir haben das eine Plakat (Zimmerszene) entsprechend den Konturen so geschnitten, daß die Fenstersprossen Sprossen werden, die nicht mehr nur aufgemalt sind. Insgesamt wurde ein Schaufenster geschaffen, das die Weihnachtswärme widerspiegelt.

Bild 28 führt Sie in die Buchabteilung des Breuninger-Landes in Sindelfingen. Alles in dieser dargestellten Ecke verkörpert gediegene Seriosität. Die Möbel auch die Sitzmöbel bilden eine Einheit. Die Bibliotheksleiter, ja sogar das Plakat des Hanser-Verlags, passen in die Farbfamilie optimal hinein. Hier möchte man Platz nehmen und verweilen.

Zu den Farbmaterialien und Einfärbetechniken

Um große Flächen wie beispielsweise Fensterrückwände einzufärben, empfiehlt sich in der Regel das Bespannen oder Bekleben. Wie bereits erwähnt, ist Moltonstoff sowohl geeignet, um einen Dachlattenrahmen zu bespannen als auch, um eine Dekoplatte zu bekleben. Der Stoff wird, am besten mit Dekonadeln leicht vorgespannt, auf sauberen Untergrund gelegt. Das Format ist so gewählt, daß der Stoff die zu bespannende Fläche an allen Rändern um ca. 10 cm überragt. Sprühen Sie dann den Stoff mit Sprühkleber reichlich ein. Legen Sie die Dekoplatte darauf und drücken Sie sie fest an. Knien Sie sich aber nicht darauf, das verursacht Mulden in der Dekoplatte, die ja innen aus Schaumstoff bestehen. Schneiden Sie jetzt die überstehenden Stoffquadrate an den vier Ecken ab (damit der Stoff an den Ecken nicht doppelt geklebt wird) und sprühen Sie die Stoffränder nochmals mit Sprühkleber ein und spannen Sie sie beim Festkleben etwas an.

Vielleicht arbeiten Sie auch gerne mit Friespapier. Es ist, ähnlich wie Tapete, auf Rollen in fast allen Farben erhältlich. Die Wickelspannung, die besonders beim Verwenden letzter Reste von der Rolle besonders lästig ist, können Sie bekämpfen, indem Sie das Papier über eine Tischkante ziehen. Bei der Verwendung von Friespapier brauchen Sie die Ränder der Dekoplatte nicht zu umkleben, sondern schneiden Papier und Platte nach dem Aufkleben mit Cutter und Schiene lediglich gerade ab. Dabei opfern Sie einen winzigen Streifen von beidem, so daß der Rand (schräg betrachtet) wie ein weißer Konturstreifen wirkt.

Als Blickfangträger im Verkaufsraum eignet sich eine Dekoplatte, die mit Klebefolie (eine velourartige/samtige Oberfläche eignet sich besonders gut) verschönert wurde. Dieser sogenannte Pinn-Hänger (eine Art „Pinnwand mit Hänge-Plazierung") bietet eine zeit- und kostensparende Möglichkeit, Themen im Verkaufsraum sehr schnell zu gestalten, und – da der Hänger selbst nicht gewechselt werden muß – auch auszutauschen. Bild 29 zeigt einen solchen Pinn-Hänger, auf der in unserem Beispiel eine Doppelseite aus einem Magazin aufgebracht ist. Achtung: Damit es keinen Ärger mit dem Urheberrecht gibt, sollten Sie immer die Quelle angeben, z.B. „Magazin ..., 3. Jahrgang, Heft Nr. 6". Auf dem unteren Teil des Pinn-Hängers wird das Logo der Buchhandlung angebracht.

Zum Kolorieren, etwa von vergrößerten Zeichnungen oder Kopien in schwarzweiß, bieten sich herkömmliche Techniken an: Wachsmalstifte, Edding-Filzstifte, Plakafarbe. Achtung: Plakafarben sind Wasserfarben! Das Papier kann sich beim Bemalen wellen, auch wenn es vorher auf einen geeigneten Untergrund aufgespannt wurde.

Sprühfarbe eignet sich nicht nur, um Flächen einheitlich einzufärben. Sie können mit ihr auch

Bild 29: Pinn-Hänger zum Plazieren einer Schlagzeile im Verkaufsraum. Das untere Feld enthält das Logo der Buchhandlung.

schwarzweiße Graphiken farbig gestalten. Bild 30 (siehe S. 99) zeigt diese Technik am Beispiel eines Blickfangs zu „Theos Reise“ aus dem Hanser-Verlag. Das Titelbild des Buches ist per Kopierer vergrößert, auf Dekoplatte geklebt und anschließend in der eben erwähnten Technik vorsichtig meliert. Den roten Streifen an der Bordwand des dargestellten Schiffes haben wir aus Plakatkarton geschnitten und aufgeklebt. Sein Rot ist kräftiger als das des Originals, was hier aber erwünscht ist.

Aufgabe

1. Warum haben wir bei der Schauwerbung auf Farbharmonie oder -kontrast bei den Exponaten wenig Einfluß?
2. Was wäre ein starker Farbkontrast für eine Zeichnung auf grüner Untergrundfarbe?
3. Warum ist beim Verwenden von Plakafarben Vorsicht geboten?
4. Warum sollte man sich nicht auf Dekoplatten knien?
5. Wozu dienen Sprühfarben?

Lösung

1. Die Exponate werden von verschiedenen Graphikern (Verlagen) hergestellt.
2. Kontrastreiche Farben zu einem grünen Untergrund sind: hellrot, gelb, weiß.
3. Plakafarben sind Wasserfarben, d.h. Papier wellt sich beim Bemalen.
4. Dekoplatten bestehen größtenteils oder ganz aus Styropor oder anderem verformbarem Material. Durch das Körpergewicht bilden sich Mulden auf den Dekoplatten.
5. Mit Sprühfarbe können große Flächen einheitlich eingefärbt, aber auch stellenweise meliert werden, z.B. Schwarzweiß-Graphiken.

6.2 Schriften

Die meisten Schaufenster oder Schauwerbungen zeigen themenbezogene Texte, eine Schlagzeile, eine Frage oder schlicht eine Überschrift. Sie werden bei der Mehrzahl der in diesem Buch vorkommenden Bildbeispiele Textstreifen sehen, auf denen die Überschrift in das Werbebild integriert ist.

Anregungen für Textzeilen

Die Anregungen für einen ergänzenden Text kommen sehr häufig von den Buchtiteln oder aus den Büchern selbst. Bei einem Mozart-Fenster (Bild 31, S. 78)

Bild 31: Buchtitel = Fenstertitel.

gewann der Buchtitel „Nichts als Musik im Kopf" (Ueberreuter) bei der Suche nach einem geeigneten Schlagzeilentext sofort das Rennen. Wir vergrößerten ihn mittels Kopierer auf die gewünschte Höhe und klebten die Papierstreifen auf die ebenfalls weiße Dekoplatte. Die Mozart-Portraits schnitten wir aus Werbeplakaten (Reclam) heraus. Die blaue Rückwand stellten wir – einer plötzlichen Eingebung folgend – auf die Spitze. Im Verkaufsraum wurde das Thema erneut aufgegriffen. Hier dient ebenfalls ein Portrait von Mozart als Blickpunkt (Bild 32).

Bild 32: Der Buchtitel wird im Verkaufsraum durch ein Portrait von Mozart aufgegriffen.

Die Schreibkunst stirbt leider aus. Wenn man sie aber noch antrifft, merkt man erst, was da nach und nach verloren geht. Wenn die handgefertigte Druckschrift nicht gelingt (Bild 33), sollte man sich getrost und ohne Minderwertigkeitskomplexe der eigenen Handschrift erinnern und sich zu ihr bekennen (Bild 34). Die

Bild 33: Die richtige Schrift zum richtigen Thema – hier leider nicht. Ehe Sie das machen ...

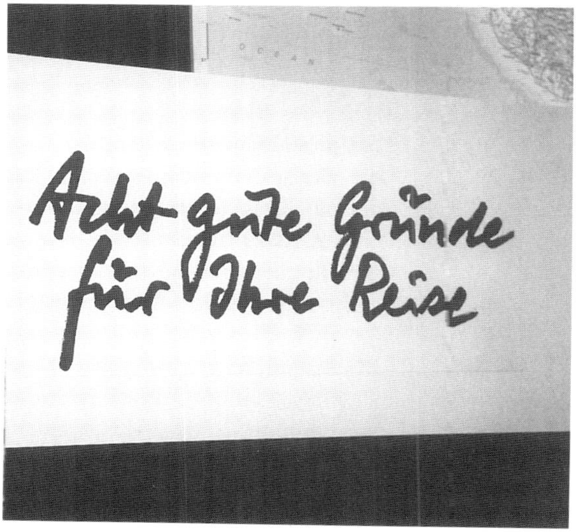

„Acht guten Gründe für Ihre Reise" sind acht Buchtitel zum Schaufenster über Mexiko, das Ihnen später im Buch noch vollständig begegnen wird. Auf einem ganz normalen DIN-A4-Zettel schrieb ich die Worte so oft, bis sie „flüssig geschrieben" wirkten. Vergrößert wurde der Text dann mit Hilfe eines Kopierers.

Bild 34: ... stehen Sie doch lieber zu Ihrer ganz persönlichen Handschrift.

Ein Hauch von Authentizität durchdringt Ihr Werk, wenn die Handschrift der in Ihrem Schaufenster „handelnden“ Personen auftaucht. Goethe, dargestellt durch das lebensgroße Goethe-Display (danke, dtv!) liefert in seiner gigantischen Hinterlassenschaft Texte zu jeder denkbaren Lebenssituation, so auch zu dieser: „Warum stehen Sie davor? Ist nicht Thüre da und Thor? Kämen Sie getrost herein, würden wohl empfangen sein. Goethe 1828.“ Der Clou: Goethes Handschrift! (Bild 35, S. 99). Die Vorlage fanden wir irgendwo in einer bebilderten Goethe-Biographie. Ein anderes Goethe-Schaufenster habe ich in Frankfurt, unmittelbar gegenüber dem Goethehaus, gefunden. Auch hier stand der Meister persönlich (Display) im Schaufenster. Eine gute Textzeile, auf den speziellen Standort der Buchhandlung bezogen, wäre gewesen: „Kommen Sie rasch herein, ich muß wieder rüber, das Essen steht auf dem Tisch“, oder dergleichen – Ihnen wird schon etwas Besseres einfallen.

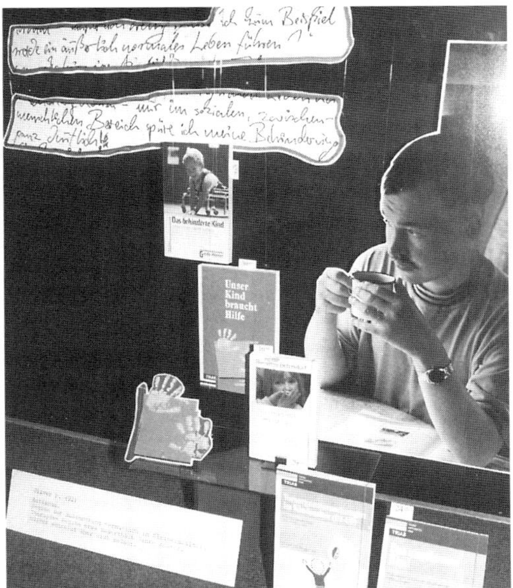

Bild 36: Autismus authentisch.

Oliver P. (22 J.) ist Autist. Die intensiven therapeutischen Bemühungen zeigten gute Erfolge. Ich bat ihn, als Titelfigur für ein Schaufenster mit dem Arbeitstitel „Behinderungen frühzeitig erkennen“ zu „posieren“. Er stimmte zu und schrieb mir auf meinen Wunsch hin ein paar Zeilen zu seiner Situation. Zwei Auszüge daraus erscheinen in einem Schaufenster zu diesem Thema. Weitere Texte oder eine Schlagzeile sind nicht nötig. Sie merken bei dieser Gelegenheit sicher, daß die Menge der gezeigten Bücher mit der Wirkung Ihrer Schauwerbung gar nichts zu tun hat. Bild 36 zeigt fünf Bücher im Schaufenster, jedes mehr wäre weniger (an Wirkung).

Ein Schaufenster mit Büchern über Zeitgeschichte für Jugendliche ist geplant. Wie kreieren wir eine Schlagzeile, die das Thema Gewalt und Verfolgung als Aspekt der Zeitgeschichte aus der Lehrbuchsicht herausnimmt und eher eine persönliche Betroffenheit auslöst – ohne lehrerhaften Zeigefinger. Amnesty International stellt ein ergreifendes Plakat zur Verfügung. Als Text dazu fällt uns nach langem Nachdenken ein: „Angenommen, du hättest die

Freiheit nicht." Ein Computerausdruck mit diesem Text wird im Schaufenster plaziert. Beachten Sie, wie wichtig der großzügige Auftritt der Schrift auf der verfügbaren Fläche ist. Lassen Sie links, rechts, oben und unten reichlich Respektraum beim Plazieren von Texten.
Sehen Sie, wie das Prinzip der Hängeplazierung es ermöglicht, ein Buch rechts oben zu positionieren und anzuleuchten (Bild 37).

Bild 37: Zur Situation der Freiheitsberaubung.

Pippi Langstrumpfs fröhliche Textblase stammt aus einem der Lindgren-Bücher. Das Schaufenster (Bild 99, S. 156) entstand zum Geburtstag der Autorin. Hier ist der Text mit einer Neoprint-Stempeldruckanlage gefertigt. Dieses traditionelle Verfahren wird immer weniger verwendet; der Computer übernimmt diese Aufgabe. Neoprint-Texte haben aber den Vorteil, daß man sie direkt auf den Schriftträger aufdrucken kann und nicht dem Umweg über Papier gehen muß, das dann aufgeklebt wird. In Kapitel 5.2 haben Sie das Neoprint-Verfahren schon kennengelernt (Bild 21, S. 67). Wenn Ihre Buchhandlung bereits in den 70er Jahren bestand, steht eine solche Stempeldruckanlage vielleicht noch in irgendeiner Ecke. Entmotten Sie sie und prüfen Sie, ob das Gummi der Stempelbuchstaben porös ist. Wenn dies nicht der Fall ist, schaffen Sie sich Farbe, Stempelkissen und Reiniger an, vielleicht kriegt man die Anlage wieder in Gang. Es lohnt sich! In Bild 99 ist der Text auf Mittelachse gesetzt. Das ist sehr schwierig und auch hier nicht ganz gelungen.

Bild 38: GeSchenkeria des Ehepaares Schenk.

„Schrift" kommt auch in „Beschriftung" vor.
Das Ehepaar Schenk betreibt in meinem Heimatdorf Büdesheim einen Geschenkartikelladen, den sie prompt „GeSchenkeria" nannten. Vergleichen Sie das hergerichtete Fachwerkhaus (Bild 38) und die Beschriftung auf dunkelgrüner Markise, mit der Fassadengestaltung, wie sie im Bild 39 gezeigt ist. Nein, nein, es ist nicht in einem Krisengebiet aufgenommen, es ist auch kein historisches Foto: Es ist ein Beispiel für konsequente Betriebsblindheit.

- *Regalbödenbeschriftung*

In der Seckbacher Lehrbuchhandlung „Magellan", Konzept 1992–1999, sollte das Magellan-Logo auch auf der Beschriftung von Regalböden vorkommen. Die verschiedenen Sachgebiete brachten wir mittels der vom Ladenbauer angelieferten Klarsicht-Klebestreifen an (Bild 40, S. 83). Ergebnis: Da die Beschriftungsträger höher waren als die Regalböden dick, stieß man mit den Büchern dagegen und die Schilder fielen ab. Die Lösung war unbefriedigend. Wir entschlossen uns, auf den Regalböden die gleiche Typographie zu benutzen wie auf den Regalblenden. Jetzt konnte zwar der Schriftzug „Magellan" nicht mehr erscheinen, wohl aber die Kom-

Bild 39: Fassade einer Buchhandlung – wie es auch aussehen kann ...

paßrose als Teil unseres CD (= Corporate Design, man kann auch Logo oder Signet sagen). Wir planten die gleiche Länge für alle Beschriftungsträger, mit der Kompaßrose links. Der Werbetechniker machte hierzu einen entsprechenden Entwurf. Die Beschriftungsträger paßten jetzt genau in die bei der Firma Höll Dekor erhältlichen Plexiknicker, die auf dem Regalboden aufliegen oder mit Doppelklebestreifen befestigt sind, und die den Vorzug haben, mit Büchern mitwandern zu können (Bild 41).

Bild 40: Regalbodenbeschriftung in ungünstiger Größe.

• *Verzicht auf Schrift*

Es gibt sicherlich auch Themen und Teilaspekte eines Themas, die ganz ohne Schrift auskommen. Das Weihnachtsfenster auf dem Bild 27 (S. 98) ist ein Beispiel dafür: Die Szene, in der der kleine Junge aus seinem gemütlichen Zimmer auf die „Esel-vor-dem-Stall-Szene“ schaut, erzählt Weihnachten – es muß nicht dabeistehen. Die Bücher tun ihr übriges. Das Bild 42 (S. 84) zeigt ein weiteres Beispiel. Das Thema Weihnachten wird hier durch ein nostalgisch wirkendes Plakat des Schäfer-Verlages, einen Biedermeier-

Bild 41: Beschriftungsträger, in der Höhe des Regalbodens.

Büchermarkt darstellend, angedeutet und wird unterstützt durch die Schneeflocken, die mit der Sprühdose auf die Fensterscheibe aufgebracht wurden.

In der Regalwand kann man ebensogut ohne Schrift auskommen, wenn Bücher das Sachgebiet zeigen. Bild 43, aufgenommen in „Art & Weise“ in Unterschleißheim, zeigt eine Möglichkeit hierfür. Allerdings: Man braucht Platz dazu, und wer sich vor Weihnachten gar zu sehr vollbunkert, ist auf Schilder mit Texten angewiesen.

Bild 42: Schnee aus der Sprühdose und stimmungsvolles Poster zaubern Weihnachtsstimmung ins Schaufenster, ganz ohne Text.

Bild 43: Buchcover sagen aus, worum es geht.

Aufgabe

Welche Techniken zum Erstellen von Schriften haben Sie in diesem Abschnitt kennengelernt?

Lösung

Techniken zum Erstellen von Schriften:

- Kopieren oder mittels Kopiertechnik vergrößern,
- Neoprint-Stempeldruckschrift,
- Schreibschrift/Handschrift und Kopierer-Vergrößerung,
- Computerschrift, ggf. auch mittels Kopiertechnik vergrößert,
- selbstklebende Buchstaben vom Werbetechniker, gut geeignet für die Beschriftung von Regalböden und Blenden,
- Styroporbuchstaben.

6.3 Schneiden, kleben ...

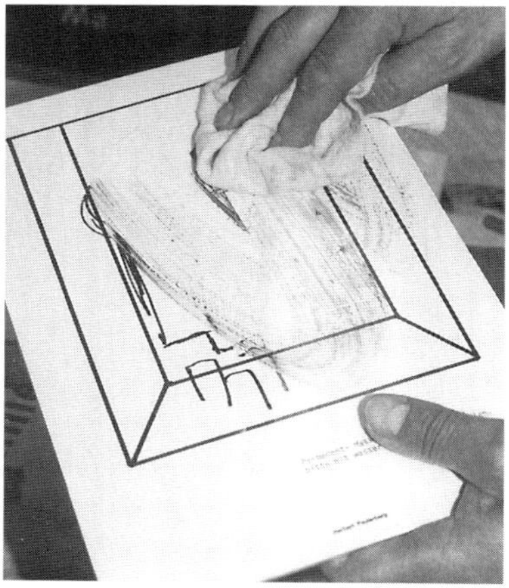

Bild 44: Die Skizzen-Maske macht Korrekturen leicht, weil sie mit selbstklebender Klarsichtfolie beklebt ist und mit wasserlöslichem Filzstift bemalt wird.

Mit den Werbematerialien der Verlage Rowohlt und S. Fischer zur Familie Thomas Mann soll ein Sonderfenster entstehen. Die Verlage haben lange steife Papp-Hänger mit den Gesichtern der Familie Mann und ein breites Plakat mit dem Text „Ein Zeitalter wird besichtigt – die Familie Mann" zur Verfügung gestellt. Schon bei den ersten Gedanken zu einer Skizze wird klar, daß ein Formkontrast her muß, da alle Elemente der Verlage eckig sind. Das breite Poster wird in zwei Kreise zerlegt. Im Schaufenster sollen diese dann gegeneinander etwas versetzt angebracht werden, so daß auch die Textzeile unterbrochen und in versetzter Höhe fortgeführt wird. Die Skizzenplatte besteht aus einer kleinen Dekoplatte, auf die die Schaufensterkontur perspektivisch vorgegeben ist. Das Ganze ist mit selbstklebender Klarsichtfolie beklebt. Alte Skizzen oder verworfene Ideen können mit feuchtem Lappen einfach weggewischt werden. Schon ist Platz geschaffen für die neue Skizze (Bild 44).

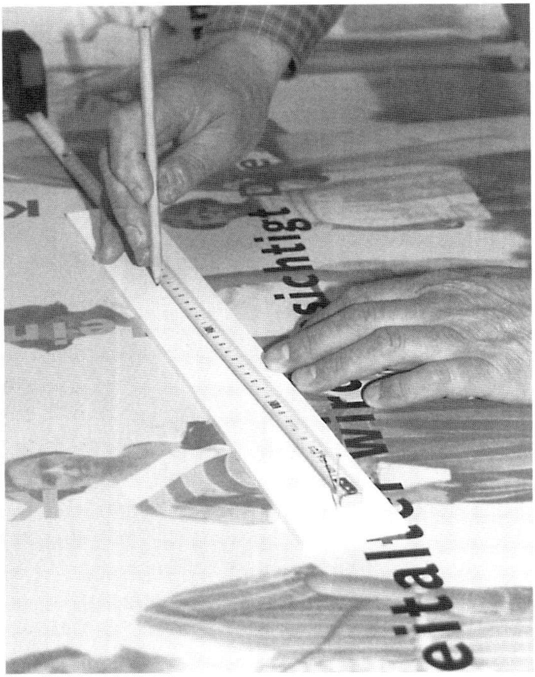

Bild 45: Der Kreisradius wird auf einem Streifen alter Pappe markiert.

Das große Plakat wird in zwei Kreisflächen aufgeteilt, der Kreisdurchmesser entspricht der Plakathöhe. Ausgehend vom Kreismittelpunkt wird der Radius auf einem Streifen Plakatkarton mit Bleistift aufgetragen (Bild 45). Eine Nadel fixiert das eine Ende am Kreismittelpunkt, durch das andere Ende wird ein weicher Bleistift gestochen. Jetzt kann der Kreis auf dem Plakat markiert werden (Bild 46). Auf der anderen Hälfte des Plakats passiert das Gleiche. Wir schneiden die Kreise mit einer Schere aus, und zwar so, daß die Bleistiftmarkierung einfach mit weggeschnitten wird (Bild 47, S. 87). Achtung: Die Objekte dürfen sich dabei nicht überlappen, also: Abstand halten!

Bild 46: Ein Kreis wird auf das Poster aufgetragen.

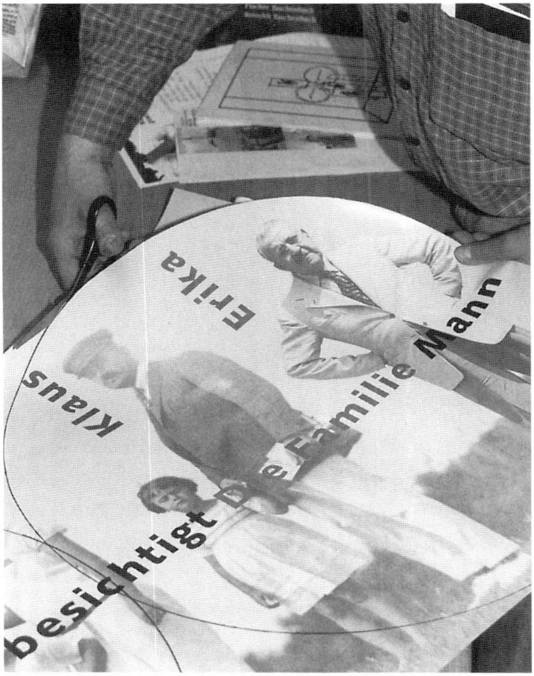

Bild 47: Geschnitten wird innen an der Kreismarkierung, damit nicht noch radiert werden muß.

Die kreisförmigen Plakatteile sprühen wir von hinten mit Kleber ein und kleben sie auf Dekoplatten. Mit trockenem Lappen wird die eingeschlossene Luft von der Mitte nach außen hin gestrichen (Bild 48).

Mit dem Cutter schneiden wir, hier im Beispiel unmittelbar an der Kontur des Kreises die 5 mm starke Dekoplatte durch (Bild 49, S. 88). Was insgesamt aus dem Familie-Mann-Fenster wurde, liebe Leserin, lieber Leser, zeige ich später.

Schneiden, kleben – die Zweite

Der Lexika Verlag läßt in seinem Dekosset einen gewissen Erwin J., Langzeitstudent im 57. Semester, die staunende Frage stellen „Blickst du's?“,

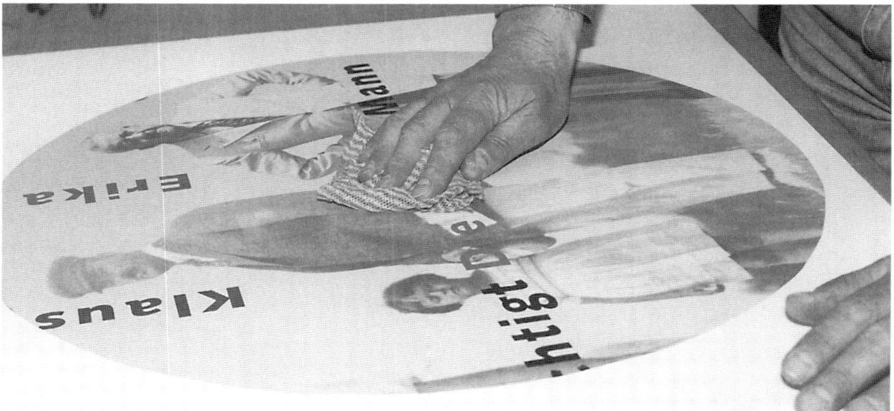

Bild 48: Die Luftblasen werden mit einem trockenen Lappen nach außen gestrichen.

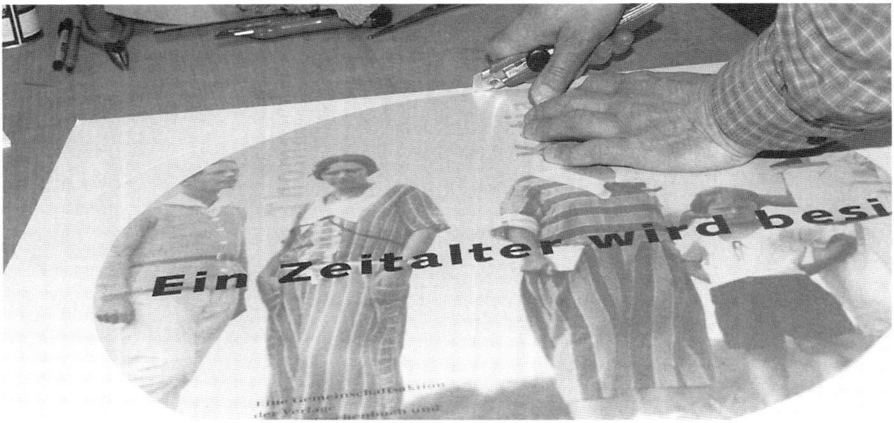

Bild 49: Der Kreis wird unmittelbar an der Kreiskontur ausgeschnitten.

legt noch ein paar Pfeile (Bestandteile des Verlags-Logos) bei und schickt mir das Ganze, zusammen mit einigen Büchern. Alles sehr schön passend für einen Schaukasten im Format ca. 100 × 140 cm. Schön, daß der Verlag nichts dagegen hatte, sich in einem eigenen Fachbuch mit seinen Deko-Utensilien „testen“ zu lassen.

Zuerst die Skizze (Bild 50): In der Mitte soll das Plakat plaziert werden, links davon die sechs Pfeile und rechts davon ausgewählte Bücher, die mit der Bodengruppe verbunden sind.
Während der Gestaltung des Schaufensters merke ich schnell, daß die Pfeile im Vergleich zur Größe des Plakats zu groß sind. Es sind nur noch drei statt der geplanten sechs Pfeile zu plazieren.

Den in die Jahre gekommenen Studenten werde ich verfremden: Das Detail „Auge hinter Brillenglas“ wird per Kopierer um 200 % vergrößert. Nach der schon beschriebenen Methode schneiden wir dieses Segment als Kreis aus der Kopie heraus. Diesmal schneiden wir das kleine Display so, daß der Cut-

Bild 50: Die Grob-Skizze läßt den Proportionsirrtum schon ahnen.

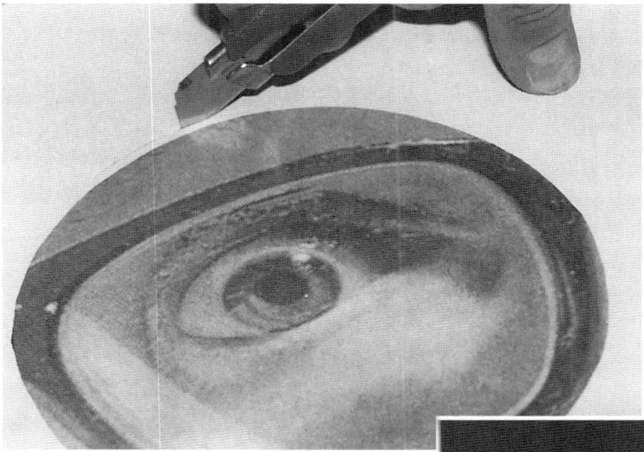

Bild 51: Vergrößert schneiden wir das Auge rings um den Brillenrand heraus und gewinnen ein kleines Display mit Konturverstärker.

Bild 53: Ein Effekt, den der Verlag auf dem Plakat in einer Ebene nicht hätte bringen können.

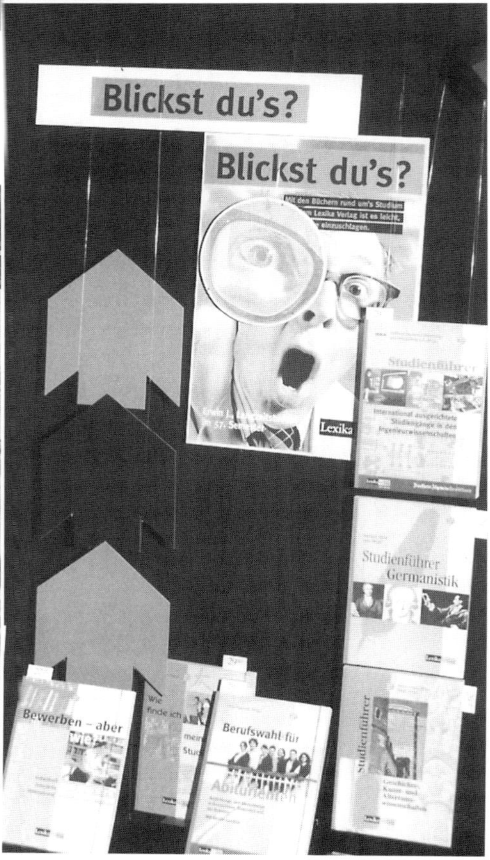

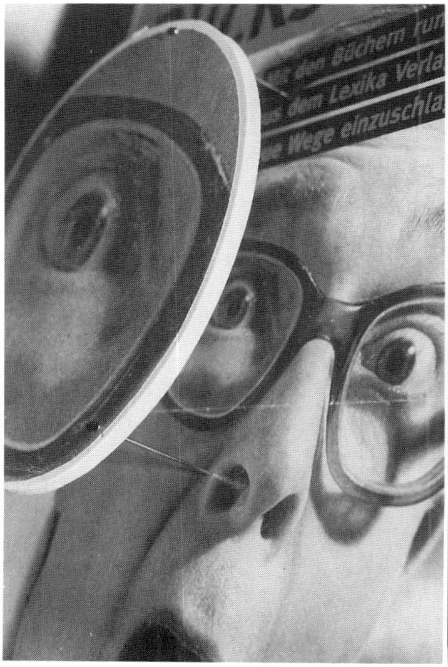

Bild 52: Nadeln halten das kleine Display auf Abstand.

ter einen etwa vier mm breiten Rand weißer Dekoplatte frei läßt. Der Rand wirkt später in der Szenerie als guter Konturverstärker (Bild 51, S. 89).

Das so entstandene Display wird mit einer 5 cm langen Dekonadel auf das Verlags-Plakat (das auf Dekoplatte aufgezogen ist und zu einem zweiten Display wurde) aufgesteckt und mit einer Dekonadel auf Abstand gehalten (Bild 52, S. 89). Wie durch eine Lupe blicken wir nun in das weit geöffnete Auge unseres Helden, dem wohl seine Situation endlich klar wird. Man sieht, auch in der Fachbuchwerbung läßt sich mit Stories spielen.
Optimal ist es, wenn der Verlag zwei oder mehr Plakate als Dekomaterial liefert. Ist dies nicht der Fall, sollten Sie beim Verlag um weitere Plakate nachfragen. Ein zweites Exemplar benötigen Sie immer, wenn Sie das Plakat ändern möchten oder mit einem Teil davon eigene Pläne haben.

Aufgabe

1. Warum haben wir das Breitformat-Plakat zur Familie Mann nicht verwendet wie es ist, sondern zwei Kreise daraus geschnitten?

2. Warum lautet die Empfehlung in vielen Fällen, Konturdisplays so zu schneiden, daß ein 3–4 mm breiter Streifen der weißen Dekoplatte zu sehen ist?

Lösung

1. Einer der wichtigsten und nötigsten Kontraste in der Buch-Schauwerbung ist der Formkontrast. Alle unsere Exponate sind eckig, die meisten davon „hochkant/rechteckig". Wenn jetzt die Blickfangteile auch „hochkant/rechteckig" sind, und das sind sie meist, sollten Sie Displays mit anderen Konturen (z.B. runde) schaffen.

2. Der weiße Streifen rings um das geschnittene und im Fenster plazierte Display verstärkt die Kontur in starkem Maße.

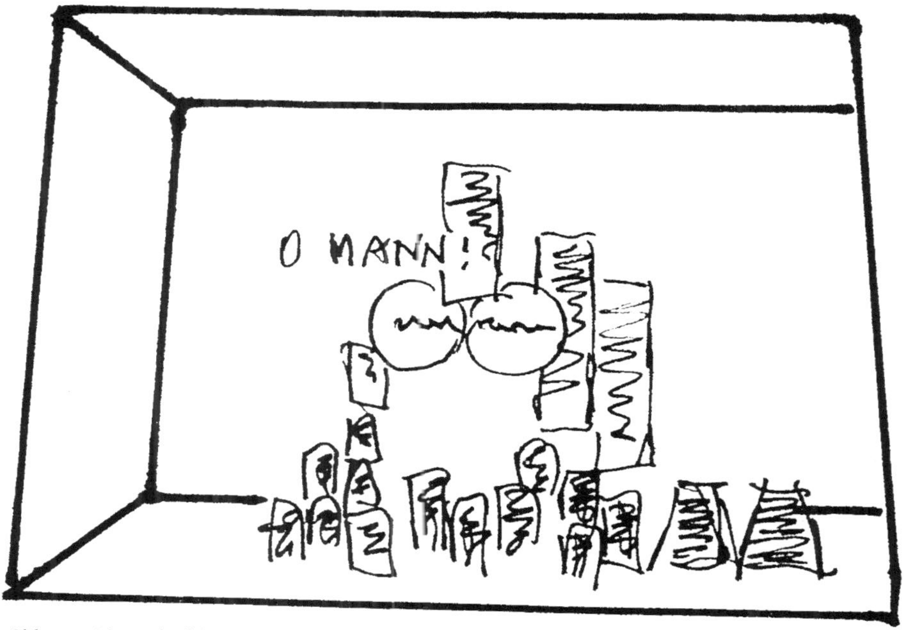

Abb. 22: Die endgültige Mann-Fenster-Skizze.

Schneiden, kleben – die Dritte

In diesem Abschnitt geht es um das Schneiden und Zusammenkleben einer Textzeile aus Styroporbuchstaben. Bild 23 (S. 68) zeigt das Schneiden des Buchstabens „N", den wir für unser Familie-Mann-Schaufenster (siehe oben) benötigen. Wenn Sie Bild 23 genau betrachten, erkennen Sie, daß für das „N" nur eine Pappschablone geschnitten zu werden brauchte, und daß beide Styropor-Buchstaben auf einmal geschnitten werden.

Die Arbeiten am Familie-Mann-Fenster gehen jetzt also weiter. Die Skizze (Abb. 22) zeigt, wie das Fenster in etwa aussehen soll. „O MANN!", werden wir ausrufen. In diesem Abschnitt geht es in erster Linie um die Techniken des Schneidens und Klebens. Bei Buchstaben, deren Strichführungen nicht von außen zugänglich sind, wie beim „O", schaffen wir mittels Schere ein Loch im Styropor durch das wir den kalten (!) Draht des Heizdrahtgerätes stecken. Der Draht wird am schwachstromführenden Bügel verhakt und erhitzt (siehe auch S. 65). Jetzt kann der innere Teil des „O" ausgeschnitten werden (Bild 54, S. 92).

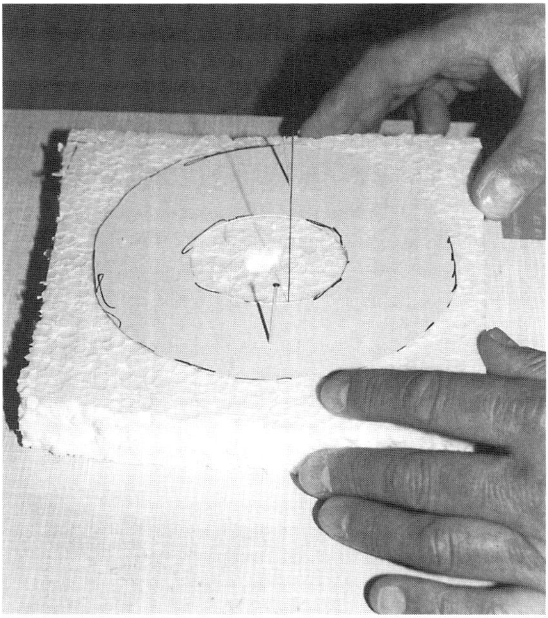

Bild 54: Styroporbuchstaben innen ausgeschnitten.

Sind die Buchstaben fertig, legen wir die Schlagzeile spiegelverkehrt an der Tischkante entlang. Auf die unteren Enden der Buchstaben wird „technicoll"-Spezialkleber aufgetragen, der das Styropor nicht angreift (Bild 55). Der zuvor mit Sprühfarbe geschwärzte Streifen aus Dekoplatte ist inzwischen getrocknet, wird unten auf alle Buchstaben gelegt und mit einer Schiene und ein paar Büchern beschwert. Wenn der Kleber trocken ist, sind alle Buchstaben verbunden und die Textzeile kann im Schaufenster leicht plaziert werden (Bild 56, S. 93). Die 0,3 mm starke Dekoschnur sieht man kaum. Das fertige Schaufenster zeigt Bild 57 (S. 93). Sie argumentieren „Die Schlagzeile hängt zu hoch"? – Nein, die Idee war, sie auf Erika Manns Augen zulaufen lassen. Klar, daß die Zeile kräftig angestrahlt werden muß.

Dummies – selbstgemacht mit Styropor

Manchmal haben Sie als Schauwerbegestalter gewagtere Pläne im Schaufenster als daß Sie dafür mit einem kostbaren Originalexemplar eines Buches experimentieren. Nehmen wir zum Beispiel an, Sie wollen einige Exemplare in einer Kette quer durch den Schauwerberaum ver-

Bild 55: Eine Schicht Klebstoff wird auf die Buchstaben aufgetragen.

Bild 56: Die Textzeile kann nun plaziert werden.

Bild 57: Das fertige Schaufenster für die Taschenbuchsonderedition der Familie Mann (S. Fischer und Rowohlt).

Bild 58: Attrappe aus Styropor und Schutzumschlag.

spannen – quer, nicht senkrecht! Erstens werden die viel zu schweren Bücher von der ebenfalls notwendigen viel zu dicken Dekoschnur üble Spuren davontragen. Zweitens wird die Kette infolge des Gewichtes und der Dehnbarkeit der Schnur durchhängen und ein trauriges Bild bieten.

Die Lösung: Lassen Sie sich vom Verlag die benötigte Menge Schutzumschläge schicken, das kostet nichts. Halten Sie Styroporplatten in mehreren Stärken vorrätig, so daß Sie gängige Formate mittels Styropor simulieren können. Schneiden Sie dafür mit einem Cutter ein größeres Stück Styropor als Sie für das Buchformat benötigen von der Styroporplatte ab. Legen Sie den Schutzumschlag um die glatte Styroporkante herum. Stecken Sie ihn an den Ecken mit Dekonadeln fest. Schneiden Sie jetzt mit dem heißen Draht (siehe Bild 23, S. 68) das überstehende Styropor ab, indem Sie bündig an den Schutzumschlag-Kanten entlangfahren. Der Draht ist gerade so heiß, daß er das Styropor schmelzt, nicht aber das Papier des Schutzumschlags ankohlt. Die fertige Attrappe (Bild 58) wirkt im Fenster wie ein Buch und macht fast alle Gestaltungsexperimente mit.

Die Möglichkeit mit Styropor-Dummies zu arbeiten, hat sich auch bewährt, wenn Sie nur ein Buchexemplar für eine Schauwerbung erübrigen können, aber gerne zwei zeigen möchten, z.B. eins aufgeschlagen und eins geschlossen. Sie können diese Technik nutzen und das geschlossene Buch als Attrappe fertigen.

Aufgabe

Warum benötigt man beim Anfertigen einer Textzeile mit mehreren Worten (z.B. aus Styropor) eine (schwarze) Schiene?

Lösung

Wie wollen Sie die Zeile im Schaufenster plazieren? – Frei, jeden Buchstaben einzeln „hänge"-verankern? Ich stelle mir das sehr anstrengend vor und eine exakte Zeilenführung wird kaum zu erreichen sein. Oder würden Sie die Buchstaben von hinten an die Scheibe kleben? Vorsicht, machen Sie das nicht, wenn eine Sonnenschutz-Beschichtung angebracht wurde.

Eine Schiene ist bestens geeignet, alle Buchstaben und auch Worte zu verbinden. Die Plazierung im Schaufenster gelingt sehr leicht und der Text steht exakt auf einer Höhe. Die schwarze Farbe verhindert, daß die Schiene in den Vordergrund tritt.

Bild 25: Trügerische Friedlichkeit im Krimifenster. Knochenfinger aus der Rosenblüte und Schädelknochen als Lampe lassen Erschaudern.

Bild 26: Rot, davon wird das Auge magisch angezogen. Mehr braucht das Fenster nicht, oder?

Bild 27: Der Junge aus dem warmen Zimmer erlebt die frostige Kälte der Stallszene. Ein Glücksfall, daß die beiden Verlagspakete zusammenpassen.

Bild 28: Gediegenheit wie in einer alten Bibliothek: braune Holztöne sind hier ohne Alternative.
(Breuninger-Land, Sindelfingen)

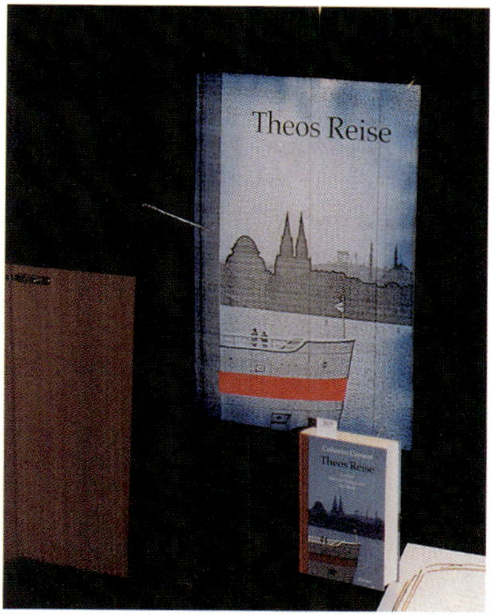

Bild 30: Vergrößerung des Titelbildes mit Sprühfarbe nachgesprenkelt.

Bild 35: Bitten Sie J. W. von Goethe um eine Handschriftenprobe. Hier paßt sie ausgezeichnet zum Thema.

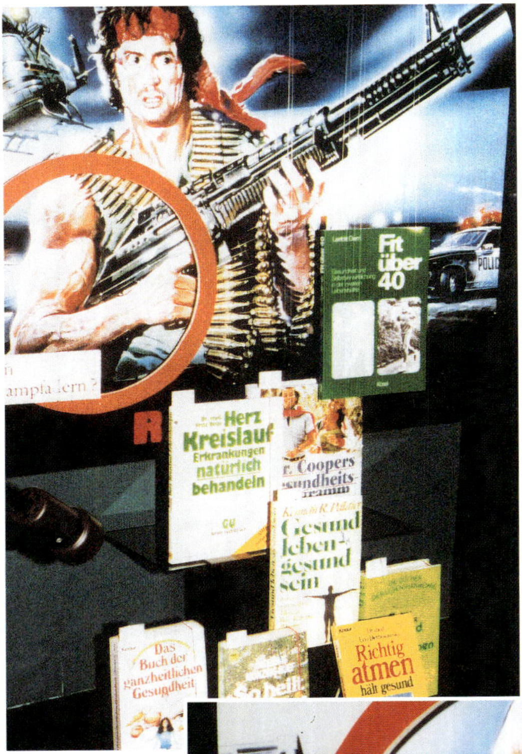

Bild 101: Rambo als Leitfigur für Gesundheitsbücher?

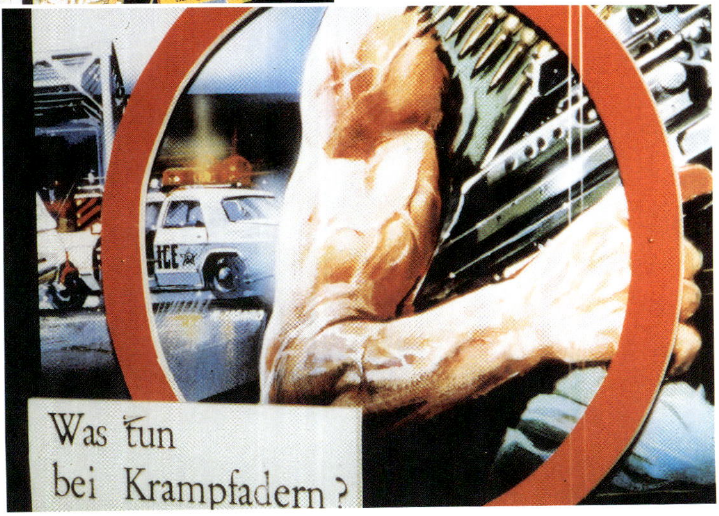

Bild 102: ... ach so!

7 Plazieren und Realisieren

7.1 Die Schauwerbeanlage: Technik, Maße, Licht

Sicher ist Ihnen, liebe Leserin, lieber Leser, schon oft aufgefallen, daß hier von „Schauwerbung“ und nicht durchweg von „Schaufensterwerbung“ die Rede ist. In der Tat, für Schauwerbung, also Werbung mit dem Produkt selbst, das auf einer Bühne plaziert und in bestem Licht und von seiner schönsten Seite gezeigt wird, bedarf es nicht zwingend eines Schaufensters. Schauwerbung kann überall, auch im Verkaufsraum, stattfinden und gelingt auch ohne Glasscheibe zwischen „Bühne“ und Betrachter. Für diese Art der Schauwerbung brauchen Sie an Vorrichtungen:

- einen Boden (belastbar und stabil, der auch für das Einklopfen von Dekonadeln geeignet ist ohne große Spuren zu hinterlassen);
- ein Drahtgitter oben, nach Möglichkeit vertikal und horizontal belastbar, im Format dem Boden identisch, Rasterweite ca. 5 cm (um Dekonadel-Häkchen aufzunehmen);
- mehrere Lichtstrahler per Schiene oder Spanndraht plaziert (Position: vom Kunden weg, hin zum Produkt; je nach Absicht als Flut- oder Spotstrahler).

Die Skizze (Abb. 23) zeigt, wie es gemeint ist: Die Bodenplatte (Tisch) ist hier sogar durch eine Trennplatte aufgeteilt in zwei „Bühnen“, eine von rechts, eine von links. Als Lichtquelle gut geeignet sind hier Spotstrahler, die am Drahtgitter angebracht sind, weil Flutstrahler zur anderen Seite hinüber blenden könnten. Das Drahtgitter ist von der Raumdecke abgehängt, damit es vom Gestalter ohne Leiter oder Trittstufe erreicht werden kann.

Abb. 23: Prinzip einer Schauwerbe-„Bühne“ im Verkaufsraum.

Wenden wir uns nun der Schau*fenster*anlage zu. Die riesigen Schaufenster der 60er Jahre mit regelrechten Passagen und allseits einzublickenden Groß-Vitrinen mit der Grundfläche einer Zweizimmerwohnung sind glücklicherweise immer seltener und verschwinden bei Umbauten als erstes. Dennoch – sollten Sie eine solche Vitrine haben, teilen Sie sie in Segmente ein, hängen Sie jedes mit einer Rückwand-Platte ab und lassen Sie den ungenutzten Innenraum leer. Beleuchten Sie nur die Gestaltungseinheiten. Niemand wird den Innenraum mit dem Auge nach Dingen oder Exponaten absuchen, wenn Sie mit Ausleuchtung deutlich machen, wo „die Musik spielt". Für normale Themengestaltungen ist eine solche Riesenanlage also zu groß, soweit sind wir uns einig.

Zur Tugend wird die Not indessen, wenn Sie im Schaufenster ordentlich aktiv werden. So läßt sich z.B. der Wareneingang eine Zeitlang in das Schaufenster verlegen. Gut, ich höre schon die Einwände und sehe auch, daß die Umräumungsaktion sehr aufwendig ist, aber: Größere Aufmerksamkeit und mehr Sympathie können Sie nicht wecken, als wenn Sie ganz normale Vorgänge an einer außergewöhnlichen und dort nicht erwarteten Stelle veranstalten.

Es gibt aber noch andere Möglichkeiten, große Schauräume zu gestalten. Ich frage Sie: „Welches ist die einer Buchhandlung angemessene Freizeitbeschäftigung? – Lesen? Dann veranstalten Sie doch das Lesen. Setzen Sie sich oder einer Ihrer Kollegen abends in ein Schaufenster. Eine geeignete Schlagzeile wäre: „Hier liest der Chef selbst." Auch hier schimmert das Rezept wieder durch: Das Normale an einer unerwarteten Stelle zu einer unerwarteten Zeit. Den Passanten wird ein lesender Mensch im Schaufenster einer Buchhandlung sicherlich auffallen! ... wenn Sie als Lesende oder Lesender durch einen Blitz aufgeschreckt werden sollten – könnte es das Blitzlicht einer Kamera gewesen sein. Vielleicht ein Schnappschuß, der auch die Stadtnachrichten interessiert und schon sind wir wieder beim Stichwort Presse.

Es mag also sein, daß die großen Fenster in der Regel schwierig zu füllen sind. Wollen Sie aber einmal eine Harley als Blickfang plazieren, werden Sie für genügend Platz dankbar sein. Im Normalfall liegt das Problem eines zu großen Schaufensters in seiner großen Breite. Hier gilt: aus eins mach zwei. Ihre Themengestaltung beginnt nämlich nicht da, wo Ladenbauer oder Architekt eine Seitenwand gesetzt haben, und sie hört auch nicht da auf, wo die entgegengesetzte Seitenwand Ihres Schaufensters Ihnen das aufzwingt. Nein: Ihre Themengestaltung beginnt, wo Sie mit dem Plazieren anfangen und hört da auf, wo Sie damit enden. Bis zu einem Meter Raum rechts und links neben Ihrer Gestaltung sind ohne Probleme akzeptabel. Wir nennen das den Respektraum, der die Wirkung Ihrer Gestaltung sogar noch erhöht (Bild 59 und 60, S. 103).

Bild 59: Aus eins mach zwei.

Bild 60: Die Schauwerbeanlage nicht bis an den Rand vollpacken. (Respektraum lassen!)

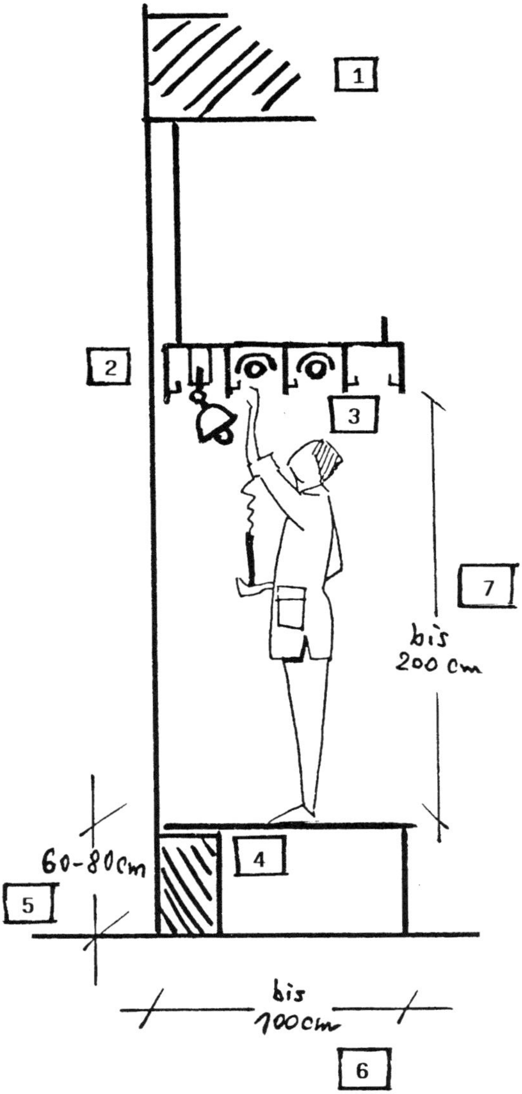

Abb. 24: Prinzip und Maße der Schaufensteranlage.

1. An der viel zu hohen Raumdecke die Schaufensterdecke anzubringen, hieße, sie nur per Stehleiter erreichen zu können und würde einen zu hohen Helligkeitsverlust bei Spotlights bedeuten.

2. Die hier dargestellte Lamellendecke hat Spotlights in umittelbarer Scheiben-Nähe, angebracht an einer Stromschiene, und für gerichtetes Streulicht Leuchtstofflampen mit Reflektoren.

3. An den Lamellenhölzern sind offene Haken angebracht (alle 5 cm über die Fensterbreite hinweg) um Dekofäden z.B. bei Hängeplazierungen einzuhängen.

4. Der Boden ist eben, fest, und besteht aus aufgelegten Plattenelementen (Preßspan), die mit Moltonstoff bespannt sind. Der in der Skizze ersichtliche Durchlaß ist beabsichtigt: Warmluft kann an der Scheibe aufsteigen und verhindert Beschlag.

5. 60–80 cm Höhe der Auslagefläche ist für den Schaufenstergast ideal, um z.B. Untertitel noch gut lesen zu können.

6. Die Tiefe der Schauwerbeanlage ist mit 100 cm richtig dimensioniert, um sich zwischen Auslage und Scheibe auch nach dekoriertem Fenster noch frei bewegen zu können.

7. Die Höhe der Schauwerbeanlage ist mit max. 2 m für normal gewachsene Gestalter richtig, um die Decke ohne Hilfsmittel erreichen zu können.

... Und die Breite einer Schauwerbeanlage: beträgt sie mehr als 3 m, heißt die Devise: aus eins mach zwei.

Bild 61: Platz muß sein zwischen Scheibe und Auslage!

Bild 62: Einblick in eine fast ideale Schauwerbeanlage: Spots, Streulicht, Drahtgitter, Rückwand, Bodenelemente.

Maße

Im Idealfall sollte die Auslagenebene 60–80 cm über dem Boden des Betrachters liegen. Die Tiefe der Auslagenebene sollte etwa 100 cm betragen, weil Sie ja selbst noch zwischen Auslage und Scheibe Platz haben müssen, und zwar auch nachdem alles fertig ist. Bild 61 vermittelt einen Eindruck von der Notwendigkeit ausreichender Tiefe. Die Höhe der Schaufensterdecke über dem Boden sollte 200 cm betragen, damit sie direkt aus dem Stand erreicht werden kann, um z.B. Dekofäden mühelos durch S-Häkchen ziehen zu können. Bild 62 zeigt den Blick in eine solche annähernd ideale Schaufensteranlage. Die Decke besteht hier – im Gegensatz zur viel zu aufwendigen Situation in Abb. 24 (S. 104) – aus Drahtgitter. Fast immer ist die Raumdecke so hoch, daß die Schaufensterdecke in eine erreichbare Höhe abgehängt werden muß. Da sich die Kasse hinter diesem Fenster befindet, ist eine ca. 1,50 m breite Rückwand fest eingebaut, so kann derjenige an der Kasse ungestört arbeiten, der Betrachter kann aber noch rechts und links von der Rückwand in den Laden schauen.

Rückwand

In Abb. 25 (S. 112) und in vielen anderen Beispielen in diesem Buch werden Sie fest vorgegebene, geschlossene Rückwandflächen vermissen. Der Kompromiß lautet: Rückwände müssen so gestaltet sein, daß

- sie den von den Spot- oder Flutstrahlern erzeugten Schatten der plazierten Dekoteile auffangen und damit als eine Art „Leinwand" für die projizierten Umrisse dienen. Schauwerbung ist ein Bild, aber – wie bei einer Bühne – ein in die Tiefe des Raumes hinein aufgelöstes Bild. Die Rückwand bildet die hinterste Ebene dieser Auflösung (siehe Bild 62, S. 105);
- sie den Blick des Schaufenstergastes auf der Szene ruhen lassen. Das Leben und Treiben im Laden, etwa hin- und herlaufende Füße der Kunden und der Mitarbeiter im Verkaufsraum, würden stören. Klar aber, daß Rückwände nur den zentralen Teil der Gestaltung abdecken dürfen, und daß, wie schon oben erwähnt, rechts und links der Laden eingesehen werden kann.

Denkbar sind hinter das Fenster heranschiebbare (rollbare) Mittenmöbel beispielsweise mit Stufenaufsätzen, die eine niedrige Brüstung bilden. Damit kann das im Fenster gezeigte Thema im Verkaufsraum direkt aufgegriffen werden, bereit für den interessierten Besucher.

Bild 63 zeigt eine „Rückwand" im Verkaufsraum, genauer gesagt, in einem Bibliotheksraum. Wir haben an einem tristen Regal, wie sie dort häufig anzutreffen sind, und zwar am Kopfende des Regals, eine kleine Schauwerbeanlage angebracht. Das Deckengitter oben wird von Dekoplatten-Elementen gehalten. Unten steht ein Tisch, der aus einer mit Moltonstoff bespannten Spanplatte besteht, unter die Tischbeine geschraubt sind (sind in jedem Baumarkt zu kaufen). Wer will bestreiten, daß hierdurch der Besucher eher zum Verweilen angeregt wird als durch das Regal allein?

Bild 63: Schauwerbung an einem Regalkopf.

Licht

Befestigen Sie Ihre Lichtstrahler am besten an Stromschienen, die entweder am Deckengitter entlang in unmittelbarer Scheibennähe (Bild 62, S. 105) oder, wie in Bild 64 gezeigt, an den Fensterrahmen senkrecht verlaufen. Auf jeden Fall müssen die Strahler in der Nähe der Exponate stehen, damit diese optimal ausgeleuchtet werden. Licht verliert mit zunehmender Entfernung der Lichtquelle an Intensität: Verdoppelt sich der Abstand zwischen Lichtquelle und Exponat, ist die Ausleuchtung nur noch ein Viertel so stark. Die Größe des ausgeleuchteten Bereichs beeinflußt man am ehesten durch den Lichtausfallwinkel am Strahler.

Bild 64: Strahler am Fensterpfosten befestigt.

Die Strahler sind richtig ausgewählt, wenn es sich um Niedervolt-Leuchten mit einem hohen Kelvin-Grad handelt. Die Maßeinheit Kelvin bezeichnet den Weiß-Grad des Lichts. Je weißer das Licht, um so echter die Farbwiedergabe des Exponats. Glühlampenlicht hat neben dem Nachteil hoher Kosten pro Betriebsstunde auch den eines niedrigen Kelvin-Grads.

Bild 65: Rasterelemente machen die Decke erreichbar.

Flutstrahler für eine kräftige Grundhelligkeit bei erträglichen Kosten pro Betriebsstunde funktionieren mit moderner Metalldampftechnik. Sie sind in den Geschäften unter der Bezeichnung HIT zu finden. In Bild 65 wird eine solche Lampe für die Ausleuchtung eines Wandregals verwendet. Metalldampf- oder auch die noch anzutreffenden

Quecksilberdampflampen (HQI) erreichen ihren vollen Kelvin-Grad erst einige Zeit nach dem Einschalten. Um die Lichtleistung eines 500-Watt-Glühlampenstrahlers zu erreichen, benötigt eine HIT-Lampe lediglich rund 80 Watt. Die Effizienz dieser Lampen ist auch daran zu messen, daß das unerwünschte Nebenprodukt Wärme vergleichsweise wenig zu spüren ist (siehe auch Kopfspiegellampen in Bild 62, S. 105).

So wie viele Schaufensteranlagen, wurde auch diejenige in Bild 62 mit einer Lampenschiene (Leuchtstofflampen) für die Grundausleuchtung ausgestattet. Ursprünglich saßen diese Lampen nackt und bloß in ihren Fassungen, was zur Folge hatte, daß auch Stellen angestrahlt wurden, die besser dunkel geblieben wären, z.B. die Raumdecke darüber. Was für die Beleuchtung im Schaufenster ganz allgemein gilt, sollten Sie auch hier berücksichtigen: Das Licht muß auf das Objekt gerichtet sein, nur so erzeugen Sie Schatten und Perspektive, was den Eindruck der Auflösung des Schauwerbebildes in die Tiefe des Raumes hinein erweckt.

Wie aber geben wir dem „Streulicht" der Leuchtstofflampe eine bestimmte Richtung? Die Lösung ist denkbar einfach und fast zum Nulltarif zu haben: Pappröhren (z.B. Verpackungsmaterial von Postern) der Länge nach durchgeschnitten und mit Alu-Folie ausgeklebt, ergeben einen perfekten Reflektor. Auf die Leuchtstofflampen (Plastikteil) gesetzt und mit Dekonadeln durchstochen auf Abstand gehalten, sorgen sie dafür, daß das Licht nur dahin gelangt, wo wir es haben wollen, nämlich in den Schauwerberaum. Probieren Sie es aus. Sie haben jetzt ein durch Stablampen erzeugtes *und* gerichtetes Licht. Ein senkrecht gehaltener Stab wirft keinen Schatten, ein waagerecht gehaltener aber durchaus. Verwenden Sie in Ihrem Schaufenster bitte nur Leuchtstofflampen von gleichem Kelvin-Grad, damit kein Gemisch aus Warm- und Kaltlicht entsteht.

Lichtschlucker Staub
Säubern Sie sowohl die Leuchtstofflampen als auch die Reflektoren von Kopfspiegellampen regelmäßig. Sie werden bei der ersten derartigen Aktion erstaunt sein, wie hell es plötzlich wird. Am besten verwenden Sie, bei abgeschalteten Lampen, ein angefeuchtetes Tuch, um staubanziehende elektrostatische Aufladungen zu vermeiden.

Deckengitter
Wie schon mehrfach erwähnt, benötigen wir die Deckengitter, um an jedem erdenklichen Punkt einer Schauwerbeanlage Hängeplazierungen vornehmen zu können. Bild 65 (S. 107) zeigt ein Gitter, das unter der Bezeichnung Rosenranken-Gitter

Bild 66: Fortschrittlicher eingerichtet als manche neueröffnete Buchhandlung. (Schenk, Büdesheim)

im Baumarkt zu kaufen ist. Sie sehen schon am Foto, daß die Rasterung relativ weit ist. Bild 66 zeigt, wie in einem über drei Meter hohem Raum ein Drahtgitter so angebracht wurde, daß es der Gestalter aus dem Stand erreicht. Optisch stört es überhaupt nicht, vorausgesetzt, Ihre Schauwerbegestaltung darunter ist attraktiv genug.

Der Schaufensterboden

Tragfähig und stabil muß er sein, d.h. wenn Sie neben einem Bücherturm, der auf Winkelstützen (Bild 22, S. 67) gestellt ist, vorbeilaufen, darf dieser nicht einstürzen.

Der Schaufensterboden leidet am stärksten unter der brutalen Sonneneinstrahlung. Welchen Stoff Sie auch immer verwenden, er wird im Laufe der Wochen von farbig auf schwarzweiß heruntergebleicht – bei schwarzen Stoffen haben Sie schließlich ein undefinierbares Grau als Ergebnis, das reichlich gemustert ist durch die Exponat-Ränder der vergangenen Veranstaltungen.

Bild 67: Plattenelemente als Bodenteile.

Das Neubespannen eines Schaufensters mit Moltonstoff z.B., ist eine zeitaufwendige, in Gegenwart von Kunden kaum zu bewältigende Prozedur. Von Vorteil sind Spanplattenelemente, die den Schaufensterboden genau abdecken. Sie lassen sich außerhalb der Schaufensteranlage ohne Störungen zu verursachen neu bespannen. Wollen Sie auch zeitlich unabhängig von der Umgestaltung des Schaufensters sein, schaffen Sie sich die Bodenelemente doppelt an. Jetzt bespannen Sie neu, wo Sie wollen und wann Sie wollen (Bild 67, S. 109).

Übung

1. Angenommen, Sie haben ein 450 cm breites Schaufenster und damit das ständige Problem, es zu füllen. Was tun Sie? Entwerfen Sie eine Skizze.

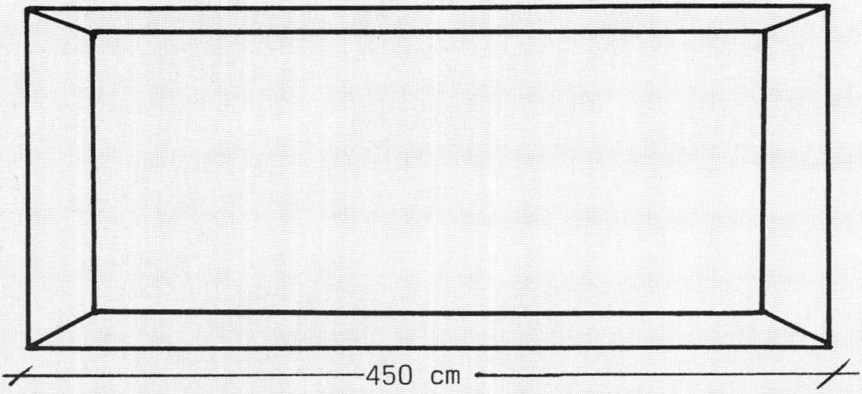

2. Was unterscheidet ein Schaufensterbild von einem gemalten oder fotografierten Bild?

3. Was ist „Grad Kelvin“?

4. Eine Kopfspiegellampe ist sicher billiger als die Lampe für eine HIT-Metalldampfleuchte. Dennoch kann letztere die kostengünstigere Entscheidung darstellen. Wieso?

Lösungsvorschlag

1. Wir unterteilen das Fenster in drei Bereiche. Denn um ein Thema vom nächsten abzugrenzen bedarf es nur eines freien Raums dazwischen. (Der sollte allerdings weder Staub noch ausgebleichte Stellen noch tote Fliegen aufweisen.)

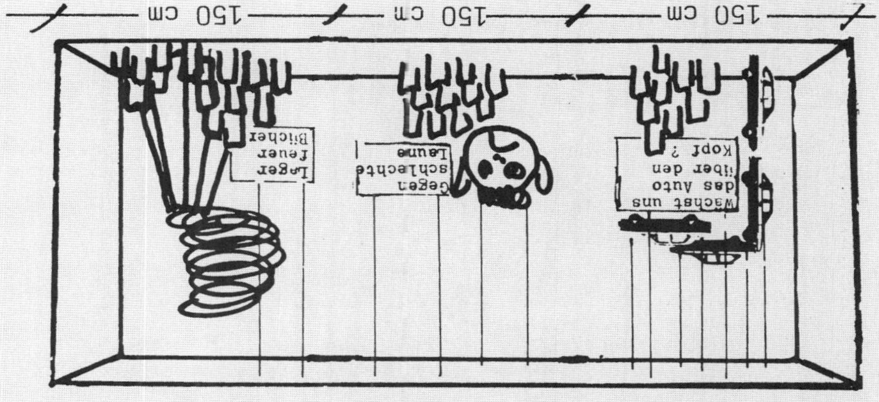

2. Das Schaufensterbild ist in die Tiefe des Raums hinein aufgelöst. Es lebt von der Perspektive und den sich verschiebenden Elementen, wenn der Betrachter sich bewegt.

3. Grad Kelvin heißt die Maßeinheit, die den Weiß-Gehalt des Lichts bezeichnet. Je höher der Kelvin-Grad, desto ähnlicher wird das Licht dem Tageslicht.

4. Die HIT-Metalldampfleuchte ist die günstigere Variante, weil sie weniger Strom verbraucht als eine Kopfspiegellampe. Die ungleich längere Betriebsdauer einer HIT-Lampe ist ebenfalls ein Kostenvorteil.

7.2 Neun goldene Plazierungsregeln

1. Respekträume einhalten!

Wenn Sie sich die Aufgabe und meinen Lösungsvorschlag auf dieser Seite noch einmal anschauen, sehen Sie, was mit „Respekträume einhalten!" gemeint ist. Die einzige Möglichkeit zu zeigen, daß das eine Schauwerbethema aufhört und das andere beginnt, ist der freie Raum, der sog. Respektraum, dazwischen.

Aber nicht nur zwischen den Schauwerbethemen, auch zum Rand der Anlage hin ist Respektraum einzuhalten. Folgende Szene hierzu könnte sich in vielen Buchhandlungen abspielen: Es sind nur noch sieben oder acht Bücher im Fenster auszulegen, aber bis zur Schaufenster-Seitenwand sind es noch über 100 cm. Entweder werden die Bücher jetzt mit entsprechendem Abstand auseinandergelegt, so daß das letzte unmittelbar an der Seitenwand landet oder es werden weitere Bücher aus dem Laden geholt, sind ja genug da. Soweit die Szene.

Nun sehen Sie sich die Abb. 25 an. In der Skizze ist nach rechts und nach links, zum Schaufensterrand hin, reichlich Respektraum gegeben. Auch zwischen den beiden Büchergruppen gibt es Respektraum. Der Betrachter des Schaufensters kann so die Produkte optimal wahrnehmen.

Abb. 25: Die Skizze eines Schaufensters, in dem die neun goldenen Plazierungsregeln erkennbar sind.

Ob es sinnvoll ist, nach rechts und nach links den gleichen Abstand zu wahren, hängt von zwei Faktoren ab.

- Wird Ihr Schaufenster vorwiegend schräg von links her eingesehen, so bildet die linke Mauerkante Ihres Fensters zugleich den linken Rand der Auslage; je nach

Blickschräge wird die Auslage sogar „angeschnitten". Sie brauchen sich nur in Abb. 25 an der vorderen linken Ecke eine Mauerkante zu denken, dann finden Sie folgendes bestätigt: Das Fenster hat links keinen, rechts dagegen einen vergleichsweise zu großen Respektraum.

- An der Seite, auf der es mehr Gestaltungselemente gibt, sollte etwas mehr Respektraum zur Seitenwand hin eingehalten werden. Achten Sie aber darauf, daß Sie kein zu großes Ungleichgewicht aufbauen – ein kleines kann durchaus interessant sein. Werfen Sie noch einmal einen Blick auf die Abb. 25: Die kleine Büchergruppe links und die Büchermasse rechts bilden ein solches ungleiches Paar. Das schräg hängende Poster (plus Spot-Schatten auf der Rückwand) neigt sich zu der kleineren Gruppe hinüber, gibt ihr mehr Gewicht und gleicht somit die Szene wieder aus.

Ungleichgewichte in der Schauwerbung fallen dem Gestalter meist erst im nachhinein ins Auge, wenn das Fenster fertig ist. Mit ein paar kleinen Tricks können diese Feinheiten aber häufig ausgebessert werden.

Bild 68: Eine Buchauslage-Gruppe, geballt, nicht geflockt plaziert.

2. Bücher (und Medien) nahe beieinander in den Auslagegruppen anordnen!

Als Beispiel betrachten Sie bitte Bild 68. Alle Bücher dieser Auslagegruppe berühren und überlappen sich. Vielleicht können Sie sich mit einer solchen Anordnung nicht sofort anfreunden. Vielleicht ist es Ihnen auch wichtig, daß jeder Buchtitel für sich alleine steht und ungestört betrachtet werden kann, z.B. Exponate einer Ausstellung werden so gezeigt. In der Werbung bemühen wir uns hingegen, daß der Blick des Betrachters ungehindert gleiten kann und dazu braucht das Auge Verbindungen zwischen den Exponaten. Das Wandern des Blicks, bezogen auf das ganze Schaufenster, ergibt übrigens die „Blickfigur".

Aber verweilen wir kurz bei einer Büchergruppe innerhalb des Fensters. Sie haben Recht, wenn Sie meinen, daß der Betrachter in der Lage sein sollte, jeden Buchtitel vollständig lesen zu können. Erinnern Sie sich? Das Schaufenster ist ein Bild, das in die Tiefe des Raums hinein aufgelöst wird. Dadurch brauchen also die Bücher einer Gruppe nur soviel Abstand voneinander, daß der Betrachter mittels geringer Veränderungen des Blickwinkels alles sehen kann.

Bild 69: Liegend, stehend und „hängend" und dennoch dieselbe Leserichtung.

3. Lese- und Ereignisrichtung einhalten!

Mit Leserichtung ist gemeint, daß alle Exponate einer Gruppe in die gleiche Richtung „blicken". Die unteren Ränder aller Bücher einer Gruppe bilden Parallelen, sind aber niemals in der gleichen Linie angeordnet. Dabei sind von „Liegen" bis „Stehen" alle Schräg-Positionierungen erlaubt. Bild 69 zeigt, wie Sie Bücher so plazieren können, ohne daß sie die gleiche Schräglage einnehmen wie ihre Nachbarn.

Auch Bild 70 (S. 115) zeigt eine Buchgruppe mit einheitlicher Leserichtung. „Und was ist mit dem Buch, das oben rechts auf der Glasplatte liegt?", werden Sie fragen. – Tja sehen Sie, das Schönste an einer Regel ist immer die Ausnahme. Dieses eine Buch „tanzt aus der Reihe". Dennoch gilt es mit solchen Ausnahmen vorsichtig umzugehen. An dieser Stelle könnte man ins Sinnieren geraten über Regeln und Ausnahmen – aber zurück zum Thema.

Von Ereignisrichtung sprechen wir, wenn sich in der Szene, die Sie darstellen, etwas ereignen soll und Sie jemanden beeinflussen wollen. Beispiele: Eine Person sagt etwas oder denkt etwas, dargestellt mittels Sprechblase, oder eine Figur geht durch die Szene.

Bild 70: Ein Buch „tanzt“ aus der Reihe.

Zwei Prinzipien gibt es im Zusammenhang mit der Ereignisrichtung zu beachten:

- Das Ereignis läuft bzw. bewegt sich in die Szene hinein, und nicht aus ihr hinaus und
- es bewegt sich immer auf den Eingang der Buchhandlung zu, nicht vom Eingang weg!

Abb. 26 will eigentlich die Ausgewogenheit einer Schaufenstergestaltung zeigen und den Unterschied zwischen Ausgewogenheit und Symmetrie (ein hängendes Exponat steht zwei Säulen gegenüber) herausstellen: Die Hälften des dargestellten Fensterschemas sind zwar nicht kongruent, aber es „kippt“ auch nicht. Nun soll aber offensichtlich noch eine Leserichtung angedeutet werden, ein Pfeil zeigt dem Betrachter wohin. Es gibt dazu einen bösen Ausspruch: „Wer keine Ideen mehr hat, setzt Pfeile oder zieht Linien.“ Zweifellos soll das Interesse des Betrachters auf die sechs Tafeln rechts gelenkt werden. Mag ja sein, daß dies auch gelingt, aber eine lebendige Situation ist nicht entstanden.

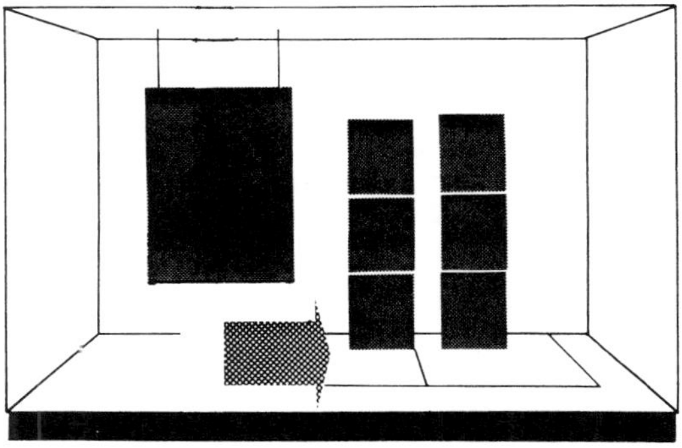

Abb. 26: Ereignisrichtung mittels Pfeil?

Lebendig wird es erst, wenn man tatsächlich eine Figur durch die Szene laufen läßt. Um Platz dafür zu schaffen, wird auf vier von den sechs Tafeln verzichtet. Jetzt ist nicht nur formal, sondern auch inhaltlich eine Szene entstanden: „Der

Zauberer kommt!", links das große Veranstaltungsplakat, rechts zwei Tafeln über die magischen Künste (siehe Abb. 27).

Abb. 27: Ereignisrichtung mittels Story: „Der Zauberer kommt!"

Was aber macht man, wenn man zwar nach langem Suchen im Posterregal eine passende Figur gefunden hat, diese Figur aber in die falsche Richtung blickt? Wie das Bild 71 zeigt, schaut Rambo, in unserem ausgewählten Poster nach links. Die Passanten nähern sich in unserem Beispiel aber von rechts, und Rambo soll nach rechts blicken. Die Lösung für dieses Problem: Tipp-Ex und Edding-Filzschreiber. – Irre ich mich oder schaut Rambo jetzt tatsächlich ein wenig ängstlich drein? (Bild 72).

Bild 71: Rambo schaut in die falsche Richtung.

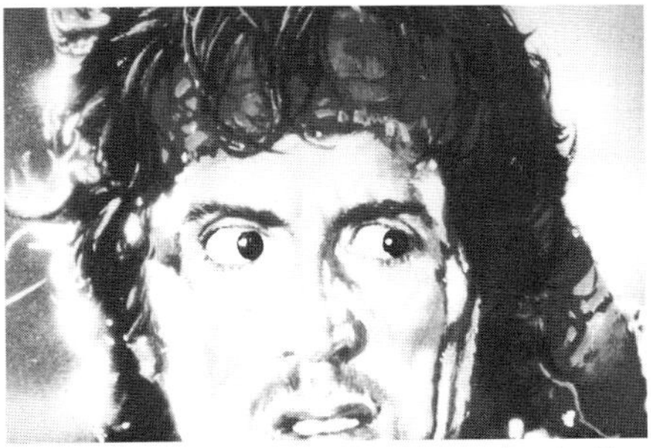

Bild 72: Mit Tipp-Ex und Edding-Filzschreiber werden die Augen verdreht.

4. Zwischen den Auslagegruppen Räume, Spalten, Flure freilassen!
Die Abb. 25 (S. 112) zeigt hierzu ein gutes Beispiel. Die Regel von den Respekträumen trifft eben nicht nur auf den Abstand der Exponate zu den Seitenwänden, sondern auch auf Abstände zwischen den Auslagegruppen zu. – Nicht gemeint mit dieser Regel sind die Abstände, die entstehen, wenn jemand ein Buch aus dem Fenster nimmt und versäumt, den verwaisten Platz wieder zu füllen – in Anlehnung an die vor vielen Jahren, ich glaube im Börsenblatt, gelaufene Cartoon-Serie „Hier fehlt ein Buch."

5. Bücher hoch in den Gestaltungsraum!
Um nochmals auf die Abb. 25 zurückzugreifen: Hier wurden drei Bücher in der Bildmitte plaziert, eines davon sehr hoch, am dominantesten Punkt der ganzen Gestaltung. Hierfür müssen entsprechende Vorrichtungen in der Anlage vorhanden sein. Es ist also an der Zeit, daß wir uns ausgiebig damit befassen, wie man sie nach oben schafft, die Bücher. Denn manchmal müssen sie nach oben, wenn Blickfang und Auslageware zusammenkommen sollen.

• *Erste Möglichkeit: der Bücherturm*
Bild 70 zeigt einen solchen Turmbau. Das Winkelholz, auf dem die Glasscheibe liegt, ist kaum zu erkennen. Es soll auch kaum zu erkennen sein, ganz im Unterschied zu den Gebirgslandschaften aus Kartons und Tüchern, mit denen ein Turm auch gebaut werden kann. In diesem Fall dominiert allerdings das Gebirge und die Bücher verblassen zur Nebensache. Abb. 28 zeigt das Prinzip des Turmbaus mit Hilfe einer Glasscheibe und nennt die Maße für den Normalfall. Es kann ohne weiteres ein zweites Winkelholz darauf gestellt und eine weitere Glasscheibe obenauf gelegt werden. Die Abb. 29 (S. 118) zeigt eine schematische Seitenansicht, die Winkelholzschenkel sind zum Betrachter hin offen. Winkelhölzer sollten dunkel gestrichen sein, damit sie in den Hintergrund zurücktreten.

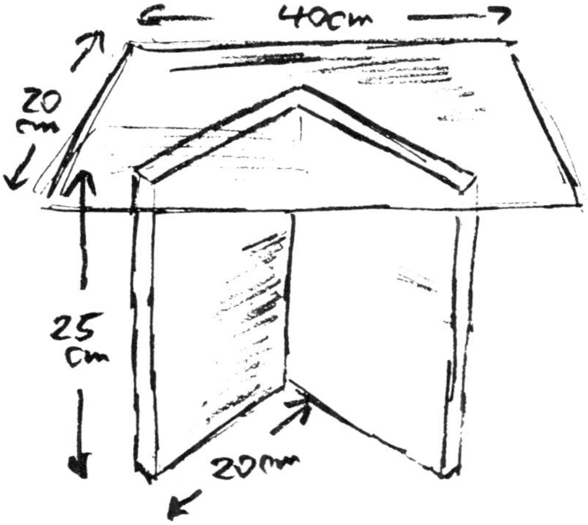

Abb. 28: Ideale Hilfen für einen Bücherturm.

Abb. 29: Skizze eines Buchturmes über zwei Etagen (Seitenansicht).

• *Zweite Möglichkeit: die Hängeverspannung*
Hier werden die Exponate von Dekoschnüren gehalten, die zwischen Schaufensterboden und -decke verspannt werden. So lassen sich auch sehr leichte Gegenstände, z.B. Textzeilen oder Styropor-Dummies, frei im Raum plazieren ohne daß sie baumeln könnten. Die Abbildungen und Bilder auf den Seiten 119f. zeigen wie das geht. Zuerst werden am beabsichtigten Punkt zwei S-Häkchen (in S-Form gekrümmte Dekonadeln aus verchromtem Eisen) am Deckengitter eingehängt, und zwar in etwas geringerem Abstand, als das zu plazierende Exponat breit ist. Jetzt müssen die beiden Punkte auf dem Schauwerbeboden gesucht werden, die sich genau senkrecht darunter befinden. Ein Zollstock dient als Lot (Bild 73, S. 119). Zwei Dekonadeln werden eingeklopft und die Kopfenden mit der Spitzzange zu offenen Ösen verbogen (Bild 74 und Abb. 30, S. 119). Der Abstand zwischen Boden und Decke mal vier plus zweimal die Breite (Abstand der S-Häkchen im Drahtgitter) ergibt die Länge der benötigten Dekoschnur. Rechts und links verlaufen je zwei Stränge, zwischen denen die Exponate später gehalten werden.

Die Dekoschnur (in 0,3 mm Stärke) wird auf halber Länge „gefaltet". Die so entstandene Schlaufe haken wir in eine Dekonadelöse ein. Mit beiden Strängen gehen wir jetzt senkrecht nach oben durch die eine Öse im Drahtgitter, hinüber durch die andere und anschließend senkrecht nach unten zum Haken im Boden. Dort verknoten wir beide Stränge, setzen das Ganze dabei ordentlich unter Spannung (die Schnur dehnt sich) und knoten ein zweites Mal. Die Abb. 31 (S. 120) zeigt, wie das jetzt aussieht. (In der Praxis und bei größerer Höhe wirken die beiden Doppelstränge wie parallel.)

Auf der Höhe, auf der ein Exponat plaziert werden soll, bringen wir eine Trägermanschette an, d.h. mit einem kurzen Stück Dekoschnur werden die zwei Stränge einer Seite ein paarmal umwunden und die Dekoschnur anschließend fest verknotet. Befindet sich auf der anderen Seite in gleicher Höhe auch eine Manschette, kann

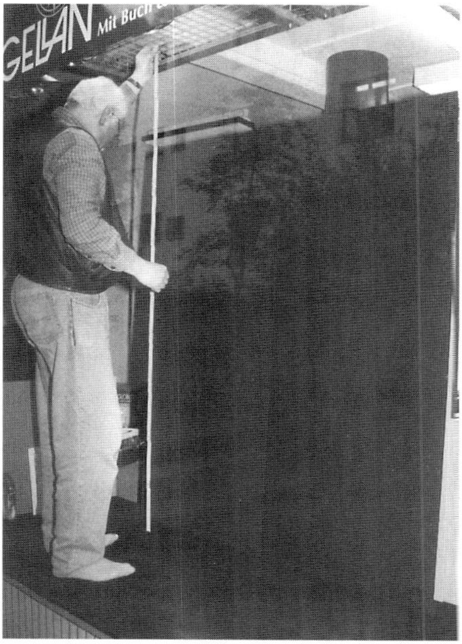

Bild 73: Die Plazierung der Ösen wird ausgelotet.

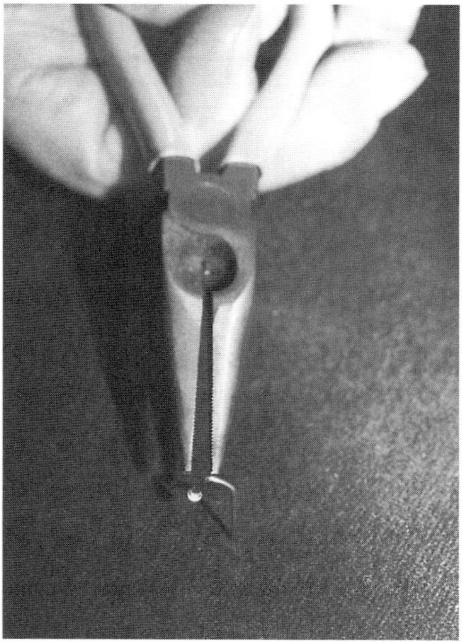

Bild 74: Die Spitzzange knickt die Dekonadel zur Öse.

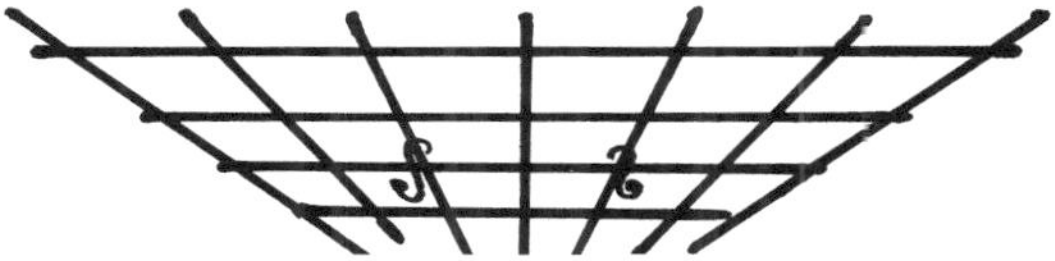

Abb. 30: Offene Ösen aus Dekonadeln, oben im Drahtgitter (Raster) und senkrecht darunter im Schaufensterboden.

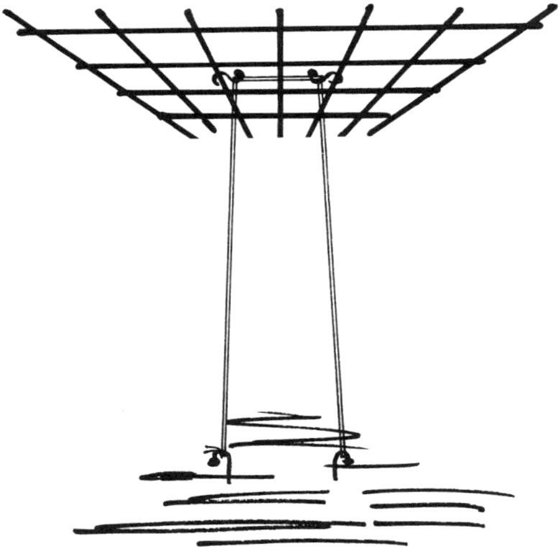

Abb. 31: Ein doppelter Strang Dekoschnur, zwischen Boden und Decke straff gespannt ...

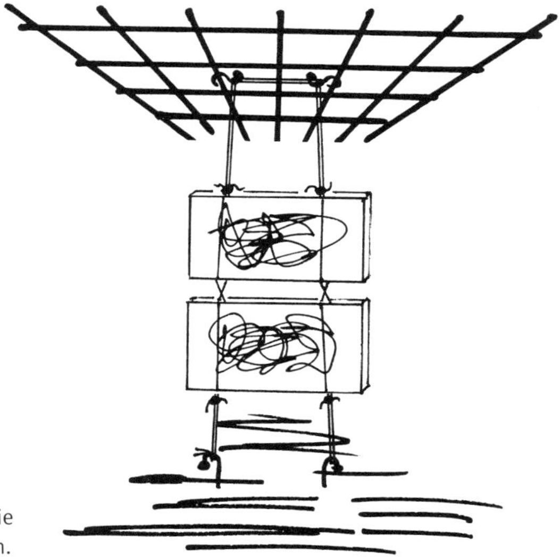

Abb. 32: ... trägt die Exponate und läßt sie frei im Raum plaziert erscheinen.

das erste Exponat schon eingeschoben werden. Sitzt es schief, muß eine der Manschetten lediglich verschoben werden. Sind die Manschetten richtig angebracht, werden die Exponate gehalten und lassen sich trotzdem auch verschieben. Ein zweites Exponat läßt sich über dem unteren plazieren, indem man den vorderen Strang nach hinten, den hinteren nach vorn nimmt und dann das Exponat in die beabsichtigte Position schiebt ohne mit Manschetten gegen das Herausfallen oder Verrutschen nach oben sichern zu müssen.

Klar, daß die drei stark umrandeten hochplazierten Bücher, wie sie in Abb. 25 (S. 112) zu sehen sind, mit einer einzigen Hängeverspannung im Raum plaziert wurden. Abb. 32 macht den Überkreuzverlauf der Dekoschnüre zwischen den Exponaten und die Trägermanschetten deutlich. Außerdem sind in diesem Beispiel zusätzlich oben Sicherungsmanschetten angebracht.

• *Dritte Möglichkeit: die Hängekette*
Wenn eine Befestigung am Fensterboden nicht erforderlich ist, weil die Exponate schwer genug sind, um z.B. auch bei Zugwind stabil zu hängen, reicht eine Bücherkette. Wieder werden zuvor die S-Häkchen oben im Drahtgitter plaziert. Die Länge zwischen unterstem Buch Unterkante und Decke wird auch hier viermal benötigt. Die Schnur wird doppelt gelegt und durch beide Häkchen gezogen. Die Abb. 33 verdeutlicht, was gemeint ist.

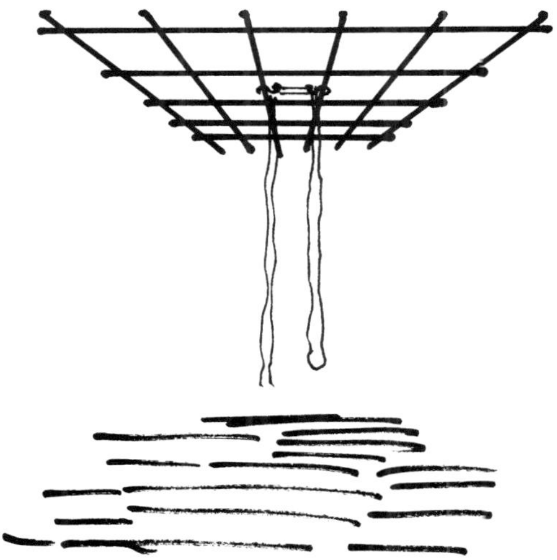

Abb. 33: Ohne Bodenkontakt: Die Bücherkette.

Wenn wir jetzt das unterste Buch rechts und links zwischen den beiden Strängen einhängen, kann es sehr leicht sein, daß es das Gleichgewicht verliert und herausfällt. Es gehört viel Geduld dazu, vor allem für einen Anfänger, das Buch auszuballancieren und zugleich das zweite Buch darauf zu setzen. Wieder werden die Stränge über Kreuz gelegt. Ehe das obere Buch auf das untere gesenkt wird, muß es mittig oder bei gleichen Formaten bündig positioniert werden. Sitzen die beiden untersten Bücher ordentlich, ist die ganze Lage auch schon stabiler. Oberhalb des obersten Buches wird eine Sicherungsmanschette angebracht. (Abb. 34 und 35).

Abb. 34: Rechts und links von je zwei Strängen gehalten ...

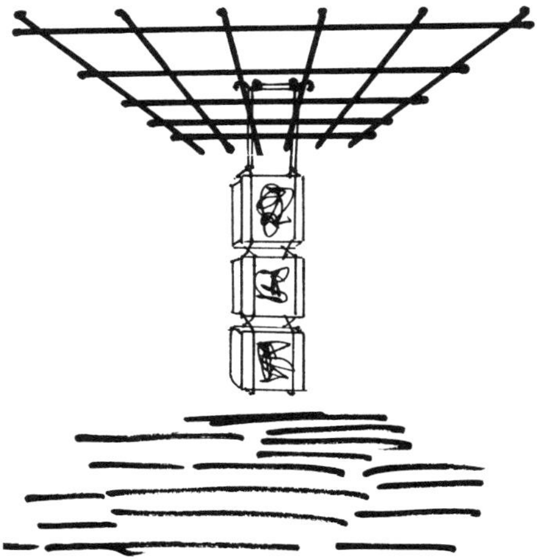

Abb. 35: ... werden die einzelnen Bücher durch den Überkreuzverlauf der Dekoschnur auf Abstand gehalten.

Sowohl die Hängekette als auch die Hängeverspannung haben in der Schauwerbung einen bestimmten, konkret definierten Zweck. Es geht in keinem Fall darum, irgendwo im Schauwerberaum Bücher aufzuhängen vielleicht sogar außerhalb jedes gestalterischen Kontexts. Bild 69 (S. 114) und viele andere Bildbeispiele aus diesem Buch zeigen, wie das gemeint ist. Der Blick des Betrachters soll nämlich bewußt gesteuert werden. So soll die nach oben verlaufende Reihe von Büchern dem Blick aus der Auslage nach oben in den Gestaltungsraum verhelfen. Also muß die Kette oder die Verspannung unten an irgendeiner Gruppe oder am Kopfende eines liegenden oder schräg stehenden Buches anknüpfen. Sie bildet so eine der wichtigsten Hilfen, um den Betrachter zu animieren, seinen Blick wandern zu lassen. Betrachten Sie Bild 69 noch einmal genau: Sehen Sie, wie die Bücher von Klaus Mann am rechten Buch der Bodengruppe anknüpfen und so dem Blick ermöglichen, oben in das Blickfang-Arrangement vorzudringen? (Siehe Bild 57, S. 93.)

6. Dulden Sie keine Dunkelräume zwischen Auslageware und Blickfang!

Diese Regel zeigt die Abb. 36 (S. 123) überdeutlich: Die Blickfigur ist an keiner Stelle unterbrochen, das zweite hängende Buch von unten reicht in die Schlagzeilentafel hinein, von dieser wiederum gibt es nach oben zum „Gipfel-Titel“ eine kleine Nachhilfe für den Kletterblick, nämlich die Säulen des Brandenburger Tors, selbst Teile der Blickfigur.

Abb. 36: Welche Figur beschreibt der Blick? Sie haben es in der Hand.

7. Plazieren Sie in mehreren Ebenen auf den Schaufenstergast zu!

Sie haben es an anderer Stelle schon gelesen: Das Schaufenster ist ein „Bild mit Tiefe“ und sei es, daß die Rückwand nur den Zweck hat, Schattenbilder aufzufangen – dann hat sie immerhin schon einen sehr wichtigen. Auch hierzu wieder ein Beispiel. Aus dem Falk-Dekokasten purzeln verschieden große Schafe. Wir denken uns die Schlagzeile „Reise nach Schafland“ aus und planen ein Fenster mit Reiseführern und Büchern über Länder, in denen es Schafe gibt.

Zur Gestaltung: Sie glauben nicht, wie schwierig es ist, den folgenden Irrtum über die Perspektive aufzuklären. „Die kleinen Schafe kommen nach vorn, die großen nach hinten. Denn die sieht man ja eh deutlich genug.“ – Nein! Wenn Sie auf einer Wiese stehen und Schafe kommen auf Sie zu, dann sehen Sie die vordersten groß und nah und unten – die hintersten klein und fern und oben. Und so plazierten wir

Bild 75: Perspektive, dem Leben abgeschaut: vorn groß, hinten klein.

die Schafe auch im Fenster (Bild 75). Bild 62 (S. 105) zeigt die verschiedenen Ebenen, auf denen sich die Gestaltung zum Kunden hin auflöst oder, je nach Perspektive, in den Gestaltungsraum hinein.

8. Oft ist eine Rückwand unverzichtbar.
Schaffen Sie sich für alle Fenster Rückwände an, die Sie bei Bedarf einfach einhängen können. Eine Rückwand sollte nur den zentralen Teil der Schauwerbeszenerie abdecken und eine ruhige Betrachtung der Inszenierung ermöglichen. Bild 76 (S. 125) zeigt die standardisierte Rückwand im Format 120 × 120 cm, ein Dachlattengestell, das mit Moltonstoff bespannt ist. Hier im Beispiel steht sie ausnahmsweise auf der Spitze.

Bild 76: Der Wert der Rückwand.

9. Licht ist mehr als Helligkeit.

Wie schon am Beginn dieses Kapitels beschrieben: Bemühen Sie sich um *gerichtetes* Licht in Ihrer Schauwerbeanlage. Dazu gehören die beiden Komponenten Grundlicht (von Leuchtstofflampen mit Reflektoren erzeugt) und Leuchten mit punktförmiger Lichtquelle, einsetzbar als Flut- oder Spotstrahler.

Aufgabe

1. Wenn Buchhändler Schaufenster gestalten, so stellen sie die Bücher oft an den äußeren Rändern der Schauwerbegrundflächen, also wo die Seitenwände immer näher rücken, in gefälligen Rundplazierungen auf; ich nenne diese Gewohnheit „Altärcheneffekt". Gegen welche der eben gelesenen Plazierungsregeln verstößt das?

2. Warum sollten Sie ein liegend zu plazierendes Buch auf einen geeigneten Gegenstand, z.B. einen T-Profil, legen, so daß es für den Betrachter einige cm über dem Boden zu schweben scheint? (Siehe Bild 77 links unten.)

3. Zu Bild 77: Welche der Buchgruppen sind aufgetürmt, welche gehängt und warum?

Bild 77: Büchergruppen unterschiedlich plaziert.

Lösung

1. Das verstößt gegen die 3. Plazierungsregel (Leserichtung). Alle Bücher einer Gruppe schauen in dieselbe Richtung, auch die am Rand der Gruppe. „Altärchen" werden Sie sowieso nicht mehr plazieren, weil Sie ja so nah an die Schaufenstерseitenwände gar nicht mehr herankommen. Sie erinnern sich: Respektraum lassen!
2. Die Plazierung auf einem anderen Gegenstand ist von Vorteil, weil dann das Licht einen Schatten werfen kann, diesmal nicht auf die Rückwand, sondern auf den Boden.
Das stand zwar nicht in diesem Kapitel, Sie sind aber sicher auch so auf diese Antwort gekommen.
3. Die rechte Buchgruppe ist als Turm gebaut, weil die Skizze hier keine Höherplazierung vorsieht, die mittlere gehängt. Anders würde man das „Gipfel-Buch" (siehe Bild 77 ganz oben) nie plazieren können.

7.3 Multi-Impuls

Haben Sie sich die Normalsituation der Schaufensterwerbung in Deutschlands traditionellen Sortimentsbuchhandlungen, schon einmal vor Augen geführt? Da entdecke ich als Kunde ein Buch in der Auslage im Schaufenster. Ich merke mir den Titel, betrete den Laden, stelle fest, daß niemand zur Bedienung bereitsteht, warte, komme endlich dran und habe den auswendig gelernten Titel vielleicht gerade noch parat um ihn zu sagen. Wie oft aber kann ich den Titel nicht mehr sagen, weil ich ihn vergessen habe oder weil ich durch andere Eindrücke abgelenkt werde?

Sorgen Sie dafür, daß der Passant, auch derjenige, der nicht bewußt aufgrund der Schaufenstergestaltung den Laden betritt, im Verkaufsraum eine Art „Wiederholungsveranstaltung" vorfindet. Die im Schaufenster gezeigten und werblich herausgestellten Titel oder Themen müssen im Verkaufsraum ohne fremde Hilfe aufzufinden sein.

Für die Herausstellung im Verkaufsraum gilt:

- Natürlich muß nicht das ganze Fenster ein zweites Mal gebaut werden. Irgendein Element aus der Schaufensterbotschaft reicht, um im Laden am Thema anzuknüpfen. In unserem Mexiko-Beispiel (Bild 78 und 79, S. 128) ist es der Schrift-

Bild 78: Das Mexiko-Fenster, das Laune macht für's Reiseziel.

Bild 79: Für den Wiedererkennungseffekt im Laden reicht die Landesflagge.

zug, der aus den Vergrößerungsstufen vom Kopierer ohnehin als Restprodukt anfiel, und die mexikanische Fahne, die wir beim Dekofachhändler in weiser Voraussicht zweimal gekauft haben.

- Im Laden muß auch die Auslageware nicht wie im Schaufenster millimetergenau aufgebaut werden; sie kann lose gestapelt oder, wie im Mexiko-Fall, in der Regalwand ganz normal gereiht oder gestellt werden. Hier soll der Kunde ja zugreifen können und das wird er nur tun, wenn er nicht das Gefühl hat, eine heilige Ordnung zu zerstören.

In einem anderen Beispiel ist die Leitfigur, ein Student aus dem wirklichen Leben, den wir zu Hause besucht und auch fotografiert haben. Das Foto zeigt ihn, zugedeckt mit Skripten und Büchern. Die Schlagzeile für das Schaufenster lautet folglich: „Deck dich ein." (Bild 80, S. 129) Im Verkaufsraum wird das Thema wiederholt und der Student taucht wieder auf, diesmal mit einem Schild für eine Rechtsanwaltspraxis, seine Rechtsanwaltspraxis, so zumindest plant er es. Die mehrmals auftauchende Person spannt hier also die Multi-Impuls-Kette vom Schaufenster zum Produkt im Regal oder auf dem Büchertisch (Bild 81, S. 129). Im Sinne der Multi-Impuls-Technik konsequent weitergedacht, müßten Sie dafür sorgen, daß der potentielle Kunde Ihr Schaufensterthema durch eine Anzeige im Lokalteil der Tageszeitung wiedertrifft.

Bild 80: Student nach Semesterbeginn, eingedeckt mit Büchern.

Bild 81: Das Thema Studienbeginn im Verkaufsraum aufgegriffen.

7.4 Erklärende Texte und Legenden

Jeder Händler, der ein vielseitiges und erklärungsbedürftiges Produkt anzubieten hat, wird einen entsprechenden Text mit in die Auslage legen. Nicht so wir Buchhändler. Die Bücher werden in die Schaufenster gestellt, dazu ein Preiseinstecker, Punkt. „Der Kunde kann ja rein kommen und sich das Buch anschauen", lautet die Entschuldigung. Wenn der Kunde es im Laden wiederfindet, ja (siehe vorheriger Abschnitt). Was aber, wenn es abends ist, z.B. nach einem Kinobesuch?

Bild 82: Informationsbedarf: Der Text von der Rückseite des Buches vergrößert fotokopiert.

Bild 83: In einem riesigen Fenster ein einziges Buch. Die Fahne dahinter ist mit zwei Dekoschnüren fixiert.

Diesem Passanten, der schon jetzt ein bißchen mehr erfahren möchte über das Buch oder das Softwareprodukt, sollten Sie ein bißchen mehr Informationen an die Hand geben.

Einfachste Methode: Sie legen ein zweites Exemplar des Exponats daneben und ermöglichen dem Schaufenstergast einen Blick auf den erläuternden Text auf der Rückseite des Buches. Auch Softwareprodukte haben auf den Rückseiten der Verpackung ergänzende Informationen. Wenn Sie die Kunden im Laden beobachten, werden Sie genau dieses Verhalten feststellen. Die Kunden nehmen das Produkt aus der Regalwand, betrachten die Titelseite, drehen es herum und lesen den Text. Ist der Text auf der Rückseite sehr klein geschrieben, helfen Sie dem Betrachter des Schaufensters, indem Sie eine vergrößerte Fotokopie des Textes auslegen. Aufgeklebt auf Dekoplatte, ergibt sich eine vorzügliche Ergänzung zum Exponat (Bild 82).

Mehr tun Sie noch, wenn Sie das ausgestellte Buch aufschlagen und einen besonders repräsentativen Textauszug groß herausstellen. In meinem nächsten Beispiel geht es um ein

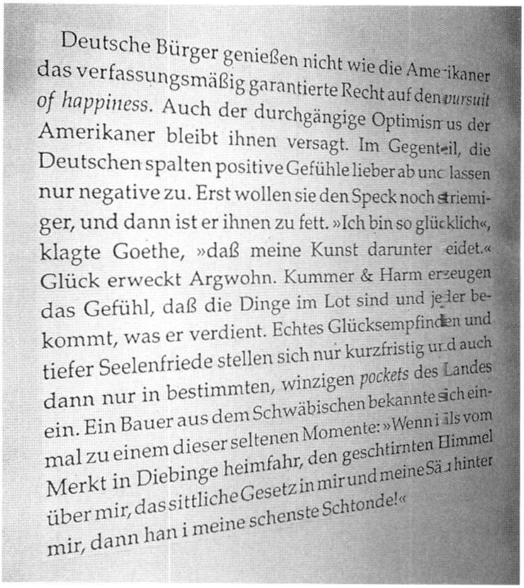
Deutsche Bürger genießen nicht wie die Amerikaner das verfassungsmäßig garantierte Recht auf den *pursuit of happiness*. Auch der durchgängige Optimismus der Amerikaner bleibt ihnen versagt. Im Gegenteil, die Deutschen spalten positive Gefühle lieber ab und lassen nur negative zu. Erst wollen sie den Speck noch striemiger, und dann ist er ihnen zu fett. »Ich bin so glücklich«, klagte Goethe, »daß meine Kunst darunter leidet.« Glück erweckt Argwohn. Kummer & Harm erzeugen das Gefühl, daß die Dinge im Lot sind und jeder bekommt, was er verdient. Echtes Glücksempfinden und tiefer Seelenfriede stellen sich nur kurzfristig und auch dann nur in bestimmten, winzigen *pockets* des Landes ein. Ein Bauer aus dem Schwäbischen bekannte sich einmal zu einem dieser seltenen Momente: »Wenn i als vom Merkt in Diebinge heimfahr, den geschtirnten Himmel über mir, das sittliche Gesetz in mir und meine Sä hinter mir, dann han i meine schenste Schtonde!«

Bild 84: Der Rückentext, vergrößert.

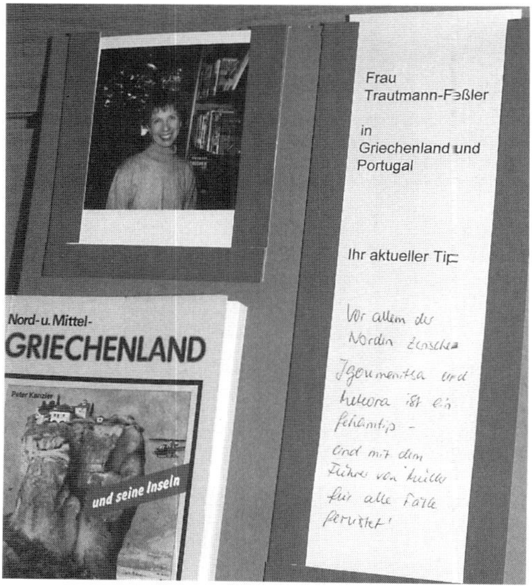

Bild 85: Glaubwürdig und völlig frei von Streuverlusten: Die Werbebotschaft der Buchhändlerin.

Taschenbuch, das in einem riesigen Fenster als einziges Exponat zu finden ist. Es handelt sich um das Buch von McCormack: Unter Deutschen (Bild 83, S. 130). Es zeigt auf nicht mehr zu übertreffende, vergnügliche Weise den Eindruck, den ein Amerikaner von uns Deutschen gewinnt.

Eine vergrößerte Kopie der Rückseite gibt dem Passanten bereits mehr Informationen, aber eine Seite aus dem Buch selbst ermöglicht auch einen Einblick in Details. Die Seite des Buches wurde dazu auf 70 × 100 cm vergrößert (Bild 83 und 84). Ergebnis: Die Aktion löste eine hohe Verweilzeit und manches Schmunzeln der Passanten aus.

Eine weitere Möglichkeit, mehr Informationen über ein Buch zu geben, ist: Rezensionen zu zeigen – natürlich möglichst wirkungsvoll. Ein Einstecker in einem Wechselrahmen mit der persönlichen Buchempfehlung der Buchhändlerin oder des Buchhändlers im Laden, vielleicht sogar mit Polaroid-Foto, sorgt dafür, daß Sie viel häufiger als früher mit Ihren Kunden über Bücher sprechen, die Sie gelesen haben (Bild 85). Wie soll denn ein Kunde ahnen, was Sie gelesen haben und worüber Sie Bescheid wissen, wenn Sie ihm die Information nicht geben?

Aufgabe

1. Was ist mit dem Begriff Multi-Impuls gemeint, insbesondere, wenn man ihn konsequent erweitert versteht, auch über die Buchhandlung hinaus?

2. Welche Möglichkeiten haben Sie, dem Kunden Informationen über ein Buch anzubieten?

Lösungsvorschlag

1. Multi-Impuls meint, daß es mehrerer Impulse bedarf, um jemanden in seinem Verhalten zu beeinflussen. Ausgangslage: Das Produkt steht im Regal, womöglich noch entsprechend dem Autorenalphabet. Erster Impuls: Wir legen es im Rahmen einer Themenpräsentation aus. Zweiter Impuls: Es erscheint werblich herausgestellt im Fenster. Dritter Impuls: Ein Sandwichman o.ä. läuft in der Stadt herum, Titel des Buches und Name der Buchhandlung auf Bauch und Rücken. Vierter Impuls: Der Gast im Café gegenüber schlägt die Zeitung auf und sieht das Buch bzw. das Thema als Anzeige in der Zeitung.

2. Informationen über ein Buch, aus nichts anderem als Cover und Preis bestehend, können für den Kunden unbefriedigend sein. Wenn Sie ein erklärungsbedürftiges Produkt anzubieten haben, erzählen Sie darüber und nennen Sie zumindest seine Eigenschaften.

7.5 Bummel durch das Dekoland

Um ab und zu einmal den Blick für Materialien und Techniken zu erweitern, liebe Leserin, lieber Leser, sollten Sie Kontakt zu einem guten Deko-Fachgeschäft aufnehmen. Gewiß, was an Dekomaterial Sie kaufen, will gut überlegt sein. Für eine hinterleuchtete Litfaßsäule zahlen Sie leicht einen halben Tausender, und ein großer Kaktus, täuschend echt, kann hundert Mark kosten.

Daher mein Vorschlag: Besuchen Sie zur Frankfurter Buchmesse nicht nur die Halle 6.3., in der wichtige Schaufenstermaterial-Lieferanten zusammen mit Ladenbauern und Software-Spezialisten unter der Bezeichnung „forum management“ zusammenfinden, machen Sie während der Messetage doch auch einen Abstecher zum Deko-Allroundversorger

Dekoland Barthelmess
Hanauer Landstraße 208–216, 60314 Frankfurt
Tel. (0 69) 9 43-35 70, Fax (0 69) 9 43-35 75

und bummeln Sie durch die Ausstellungsräume. Die Bilder 86 bis 88 (S. 133f.) zeigen richtiggehende Inszenierungsvorschläge. Sind Sie neugierig geworden?

Um noch einmal auf die Kosten für professionelles Dekomaterial zurückzukommen:

- Erstens können Sie Verlage an den Kosten beteiligen, indem Sie z.B. das Formblatt Abb. 8 (siehe S. 22) benutzen,
- zweitens können Sie vielleicht mit anderen Geschäften in Ihrer Nachbarschaft verschiedene Dekoteile austauschen und so die Kosten verteilen und
- drittens kann Ihr Erfa-Treffen zu einer Dekobörse werden.

Unterhalb eines bestimmten Qualitätsniveaus sollten sich Ihre Schaufenster aber nicht mehr abspielen. Die Passanten werden immer verwöhnter, die Konkurrenz immer einfallsreicher.

Hier ein paar Ideen aus dem Dekoland Barthelmess:

Bild 86: John, Marilyn und James in Lebensgröße.

Bild 87: Kunst, Klassik und Natur.

Bild 88: Details für sofortige Urlaubsstimmung.

7.6 Multimedia im Verkaufsraum

Ein Beitrag von Ronald Voigt (G. Lingenbrink).

Was sind Neue Medien? – Der Begriff „Neue Medien“ wird im Buchhandel häufig als auf Datenträgern, wie z.B. Diskette oder CD-ROM, gespeicherte Computerprogramme definiert. Unerheblich ist, ob dies Anwenderprogramme, wie z.B. Tabellenkalkulationsprogramme, Spiele oder digitale Nachschlagewerke sind. Die „Non-book“-Warengruppen Hörbuch und Musik-CDs gehören nicht zur Produktgattung der Neuen Medien.

Zu den Neuen Medien gibt es unterschiedliche Meinungen im Buchhandel. Nicht umsonst bieten die Landesverbände, der Börsenverein und die freien Berater den Buchhändlern regelmäßig ihre Unterstützung im Umgang mit dieser Produktgruppe an. In den letzten Jahren hat sich der Sortimentsbuchhandel als ernstzunehmender Vertreiber von Software entwickelt. Doch zur Zeit scheint der Verbraucher die Kompetenz für diese Produktgruppe noch eher außerhalb des Buchhandels zu sehen. Grund genug, sich zunächst Gedanken um eine kompetente und wirtschaftliche Präsentation von Produkten aus dem Bereich Neuer Medien zu machen.

Warum gehören die Neuen Medien ins Sortiment?

Für die Aufnahme und Pflege der Warengruppe Neue Medien im Sortiment spricht die folgende Studie:

- 1997 stellte eine Emnid-Studie, die im Auftrag des Börsenvereins erhoben wurde fest, daß jeder dritte Kunde (in Buchhandlungen) Nutzer eines PCs war, während der Anteil der Computernutzer in der gesamten Bevölkerung nur bei 18% lag.
- PC-Nutzer verfügen über einen überdurchschnittlichen Bildungsgrad, und ein überdurchschnittliches Einkommen.
- PC-Nutzer sind häufiger als andere Bevölkerungsgruppen regelmäßige Besucher von Buchhandlungen.

Die Erhebung zeigte auch, daß die wachsende Gruppe der Computernutzer, die Buchhandlungen besuchen, dort lediglich Bücher kaufen. Produkte im Bereich Neuer Medien werden von dieser Klientel eher in Kaufhäusern oder Fachmärkten gesucht und gekauft. Laut Emnid sehen nicht einmal die Hälfte der PC-Nutzer Kompetenz hierfür im Buchhandel.

Angenommen eine Buchhandlung stellt fest, daß ihre Kundschaft immer häufiger nach Software fragt. Sollte sie dann nicht versuchen am „point of sale“ qualitativ hochwertige Ware anzubieten, zum einen um dem Wunsch der Stammkunden zu entsprechen und zum anderen um mit dem erweiterten Angebot eine neue Zielgruppe anzusprechen?

Warum digitale Produkte anders präsentieren als Bücher?
Für die Ware Buch genießt der Buchhandel das volle Vertrauen der Kunden, für Software muß es sich jede einzelne Buchhandlung noch erarbeiten. Das Schlüsselwort für das Vertrauen des Verbrauchers ist Kompetenz. Bei der Ware Buch geben „Aufschlagen und Hereinlesen" der Kundschaft die Versicherung das richtige Buch zur Kasse zu tragen. Die CD-ROM wählt der Kunde weil ihm beispielsweise die Rückseite des Produkts Herausragendes verspricht. Ob die ausgewählte Software auch die richtige ist, bemerkt der Kunde erst zu Hause am eigenen Computer.

Kompetenz drückt sich nur zum Teil durch das Wissen der Mitarbeiter um Bits und Bytes aus. Weitere und wesentlich wichtigere Aspekte sind im folgenden angeführt.

• *Kompetenz der Sortimentsgestaltung*
Der Kunde erwartet ein breites Angebot, das sowohl Ratgeber-, Lern- und Informationsprogramme, Standardsoftware als auch spezielle Software und Computerspiele beinhaltet (mehr als 50% des Umsatzes im Bereich Software werden im Buchhandel durch Computerspiele erzielt). Nur ein kleiner Teil eines solchen Angebots läßt sich durch die Software aus den klassischen Buchverlagen abdecken. Die Buchhandlung muß Kontakte zu Lieferanten knüpfen, denen der Buchhandel mit seinem Konditionengefüge relativ unbekannt ist.

• *Preis-Kompetenz*
Erwartet werden Preise, die mit dem Angebot aus Media- und Pro-Märkten konkurrieren können. Das erfordert eine für den Buchhandel ungewohnte Marktbeobachtung. Bei der Kalkulation der Preise darf also kein genereller Aufschlag auf den Einkaufspreis gelten.

• *Kompetenz durch Aktualität*
Kaum etwas verunsichert die Kunden mehr, als alte Programmversionen, die nicht als solche kenntlich gemacht wurden.

• *Kompetenz durch Qualität*
Die Chance des Buchhandels, sich von anderen Softwareverkäufern abzuheben, besteht in der inhaltlichen Auswahl des Sortiments.

• *Kompetenz der Wahrnehmung*
Die Buchhandlung sollte Neue-Medien-Produkte fast ausschließlich frontal präsentieren, um die großflächigen Verpackungen wirken zu lassen. Auch großzügig präsentierte Informationen der Hersteller oder der Barsortimente (KNO: MediaNews; Libri: Neue-Medien-Flyer) werten die Warengruppe auf und helfen dem Kunden sein Produkt selbst zu finden. Besonders kundenfreundlich ist die Buchhandlung, die einen Präsentationscomputer in der Softwareabteilung installiert hat. Wenn die Präsentationsprogramme aktuell gehalten werden und sich ein Mitarbeiter die Pflege des PCs und der installierten Programme zutraut, so ist dies ein fantastisches Mittel, Kompetenz zu zeigen.

• *Kompetenz durch Beratung*
Sie setzt voraus, daß die Mitarbeiter die neue Warengruppe selbst akzeptieren. Jedes Neue-Medien-Projekt wird abhängig von der Akzeptanz der Mitarbeiter gelingen oder mißlingen. Kein Mitarbeiter, dem Computer und EDV schlaflose Nächte bereiten, kann ein gutes Verkaufsgespräch mit einem an Software interessierten Kunden führen. Aber jeder Mitarbeiter, der angstfrei an solche Produkte herangeht, wird sich gut in die neue Warengruppe einarbeiten.

Wie in diesen sechs Punkten zu sehen ist, beginnt ein erfolgreicher Verkauf von Produkten aus dem Bereich Neue Medien mit dem Einkauf der solchen. CD-ROMs beispielsweise, die von Verlagsvertretern angeboten werden und digitale Fassungen von Büchern darstellen, werden fast in allen Buchhandlungen angeboten. In der Abteilung Neue Medien sollte der Kunde aber vorwiegend Produkte finden, die speziell für den Computermarkt konzipiert sind.

Damit das Angebot von neuen Medien auch rentabel für die Buchhandlung wird, ist es wichtig, ein detailliertes Konzept zu erstellen. Als Beispiel für ein schnell umsetzbares Konzept wird an dieser Stelle der „Libri-Neue-Medien-Tower" vorgestellt.

Ein Beispiel: der Libri-Neue-Medien-Tower
Das Barsortiment Libri bietet dem Buchhandel ein von der Beschaffung bis zur Präsentation reichendes, geschlossenes Konzept an. Um den Buchhandel zu unterstützen baute Libri 1994 eine Neue-Medien-Abteilung auf. Diese ist einzig für Einkauf, Marktbeobachtung, Merchandising und Vertrieb der entwickelten Neue-Medien-Module zuständig.

Das von dieser Abteilung entwickelte Tower-System geht weit über die ebenfalls bei Libri angebotenen Neue-Medien-Kernsortimente oder die von KNO angebotenen

Themenpakete Software- und EDV-Literatur hinaus. Anfangs hatten Buchhändler lediglich die Möglichkeit über ihr Barsortiment an Neue-Medien-Produkte zu gelangen, da viele Softwarehersteller kein Interesse an den kleinen Bezugsmengen des Buchhandels hatten und haben – das Barsortiment hingegen kann sehr viel größere Mengen abnehmen.

Das Barsortiment Libri entwickelte das Präsentationssystem Tower, das stetig verfeinert wird. Der Tower scheint für mittlere bis große Buchhandlungen geeignet und Libri verspricht dem Buchhandel bei Einsatz des Towers einen hohen durchschnittlichen Lagerumschlag (> 5), bei einem konstanten und überschaubaren Lagerwert. Angeboten wird ein vielfältiges und breites Sortiment, angefangen vom sog. normalen Towersortiment mit zusätzlichen Zielgruppenmodulen bis hin zum Tower-Plus-Sortiment.
Beispiel:

Tower normal	250 Ex.	Einkaufswert ca. 13.000 DM
Tower Plus	550 Ex.	Einkaufswert ca. 38.000 DM

Der Neue-Medien-Tower hat als frei stehender Turm eine Standfläche von ca. 1 m^2. Zusammen mit dem Ladenbauer Brübach wurde der Tower weiterentwickelt und ist nun auch als Wandpräsentationssystem (ca. 1 m breit) zu beziehen. Im Tower befindet sich ein Computer mit „touchscreen“. Hier wird dem Verbraucher die Möglichkeit gegeben, gezielt EDV-Bücher und Software abzufragen und mehr Informationen darüber zu erhalten. Am Tower angebrachte und abschließbare Aluminiumregale verhindern den Diebstahl der präsentierten Software.

Was das Möbel leistet:
- Frontalpräsentation der Ware
- Multimediale Produktinformation
- Entlastung des Verkaufspersonals
- Blickfang und Anziehungspunkt für Kunden

Um die Aktualität des Softwareangebots zu gewährleisten, werden Buchhandlungen, die den Neue-Medien-Tower nutzen, regelmäßig aufgefordert Remittenden zurückzuschicken, wenn neue Ware oder das Update eines Programmes geliefert werden können; alte Ware wird zurückgenommen und neue Ware im Gegenwert geliefert.

Um eine verkaufsgerechte Preisgestaltung der Titel zu gewährleisten, beobachtet die Neue-Medien-Abteilung bei Libri den Markt. Sonderaktionen in großen Märkten wirken sich so auf die Preise im Towersortiment aus. Um die eingekaufte Software auch außerhalb bewerben zu können, wird zweimal im Jahr (CeBIT/Buchmesse) der Neue-Medien-Flyer als Zeitungsbeilage angeboten. Merchandiser unterstützen die Buchhandlung auf Wunsch regelmäßig vor Ort bei der Sortimentspflege.

Bild 89: Spezialmöbel für Multimedia-Präsentation aus dem Hause G. Lingenbrink Barsortiment, Frankfurt a. M. und Hamburg.
(Schlapp, Darmstadt)

Bild 90: Wenn es besonders auffallen soll: die Multimedia-Vitrine in der Regalwand, in einer Signalfarbe.
(Schlapp, Darmstadt)

7.7 Die eigene Homepage im Internet – das etwas andere „Schaufenster"

Ein Beitrag von Manuela Stratmann (MS-Software GmbH in Essen).

Auch für kleine Unternehmen wird es immer wichtiger, über eine eigene „Homepage", also eine eigene Seite im Internet, zu verfügen. Dies ist vor allem aus Imagegründen wichtig, denn eine gutgemachte Homepage zeugt von einem modernen und leistungsfähigen Unternehmen. Die Homepage läßt sich im Vergleich zu Print-Werbemitteln, wie z.B. Prospekten, schnell und relativ kostengünstig aktualisieren.

Entsprechend dem zur Verfügung stehenden Budget gibt es auch die Möglichkeit relativ bescheiden zu starten und dann weiter auszubauen. Via Internet können Sie interessante Zielgruppen erreichen und über kurz oder lang wird dieser Kommunikationsweg so selbstverständlich sein wie beispielsweise ein Faxanschluß.

Welchen Vorteil hat die eigene Hompage für Ihre Buchhandlung? Vermutlich erhöht die eigene Homepage nicht direkt Ihren Umsatz – dies wird nur unter ganz bestimmten Voraussetzungen der Fall sein – möglicherweise stellt sich ein meßbarer Effekt erst mittel- bis langfristig ein. Indirekt jedoch, wird eine gute Homepage Ihnen in jedem Fall nützen, sei es daß Sie Buchaktionen, Autorenlesungen und ähnliche Ereignisse ankündigen, die Kunden zu einem Besuch in Ihrer Buchhandlung motivieren, oder verschiedene Serviceleistungen anbieten, und zwar nicht nur Buchbestellungen auf Wunsch des Kunden, ähnlich wie in den großen Internetbuchhandlungen, über die zur Zeit jeder spricht, sondern auch weitere Leistungen, wie z.B. individuelle Beratung.

Im folgenden sollen zunächst einige technische Aspekte beleuchtet werden, bevor die Frage behandelt wird, wie Ihr „Schaufenster“ im Internet aussehen könnte. Zuerst sollte man überlegen, unter welcher Bezeichnung man im Internet „firmieren“ möchte. Es ist naheliegend, daß sich Ihre Internetadresse möglichst nah an den Namen Ihrer Buchhandlung anlehnt, damit Kunden Sie im Internet wiederfinden. Im Prinzip kann man jede beliebige „Domain“ belegen, sofern diese noch frei ist. Wenn Ihr Firmenname bzw. Ihre Wunschdomain bereits von jemand anderem belegt ist, sind Sie gezwungen, auf eine andere Domain auszuweichen. Bevor Sie eine Domain anmelden, sollten Sie aber selbst schon mal im Internet „surfen“ und prüfen, ob Ihre Wunsch-Domain noch frei ist: Unter der Internetadresse *http://www.denic.de,* können Sie eine gezielte Anfrage starten.

Das „Network Information Center“ (NIC) ist die Organisation, die die Domains vergibt und überwacht. Haben Sie eine eigene Domain angemeldet, erhebt Ihr Provider eine jährliche Gebühr, die er an die NIC abführen muß. Der Schutz der Domain entfällt, sobald die jährliche Gebühr nicht mehr gezahlt wird.

Sind Sie gerade über den Begriff Provider gestolpert? – Um eine Domain einzurichten und Ihre Homepage ins Internet zu bringen, benötigen Sie einen „Provider“. Dieser stellt gegen eine monatliche Gebühr Festplattenplatz (Webspace) auf seinem Server bereit. Ihre Homepage wird also i.d.R. auf dem Server des Providers gespeichert und ins Internet gestellt. Sie können Ihre eigene Homepage jederzeit in Ihrem Hause bearbeiten und eine aktualisierte Version auf den Server des Providers überspielen. Ruft jemand über das Internet Ihre Homepage auf, werden diese Daten vom Server des Providers heruntergeladen.

Dieser sogenannte „Traffic“ ist bis zu einer bestimmten Datenmenge in der Gebührenpauschale des Providers enthalten (z.B. 200 MB Speicher für „Traffic“ pro Monat). Benötigen Sie mehr Speicher pro Monat, was häufig der Fall ist, treffen Sie eine entsprechende Regelung mit Ihrem Provider. Wieviel „Traffic“ anfällt, hängt von der Größe Ihrer Homepage (Graphiken benötigen viel Speicher und brauchen Zeit bis sie aufgebaut sind) und der Anzahl der Abrufe pro Monat ab. Ein zu geringes Speichervolumen auf dem Server des Providers kann unkalkulierbare Kosten beim Herunterladen des „Traffic“ verursachen!

Normalerweise gehören zu jeder Domain auch mehrere E-Mail-Adressen, die in der Pauschale des Providers enthalten sein sollten.

Die Wahl des richtigen Providers sollte nicht nur danach getroffen werden, wer zur Zeit das billigste Angebot hat, da ein späterer Wechsel des Providers mit Problemen verbunden sein kann. Eine Möglichkeit, sich zu informieren sind Computerzeitschriften. Darin werden kontinuierlich Tests und Leistungsvergleiche veröffentlicht. Bei der Auswahl eines Providers mit Hilfe solcher Tests, sollte man mehr Wert auf konstant gute Testergebnisse legen als auf einzelne Spitzenwerte. Wichtig sind detaillierte Zugriffsstatistiken, um den Erfolg der eigenen Seiten auswerten zu können.

! Nur wenn der Server in Deutschland steht, ist die Rechtslage eindeutig und der Provider im Streitfall auch tatsächlich greifbar.

Um die Webseiten zu gestalten, wird in der Regel ein HTML-Editor verwendet. Diese Programme ermöglichen es im Prinzip auch einem Laien, selbst Internetseiten zu gestalten. Diese Dienste werden jedoch auch von den Providern, von Web-Designern und Werbeagenturen angeboten.

✔ Checkliste

- ☐ Eigenen Internet-Anschluß beantragen, z.B. bei T-Online, AOL, Compuserve etc.
- ☐ Domain aussuchen
- ☐ Provider suchen und Domain anmelden
- ☐ Gestalten der eigenen Homepage

Für Ihren Internetauftritt entstehen einmalige Kosten für die Anmeldung der Domain und die Gestaltung der Homepage (sofern Sie diese nicht selbst erstellen) sowie laufende monatliche Kosten für die Dienste des Providers und die NIC-Gebühr. Außerdem muß die Homepage „gepflegt", d.h. aktualisiert werden. Der hierfür erforderliche Aufwand hängt stark von der Gestaltung Ihrer Homepage ab, der Aufwand für Aktualisierungen sollte daher schon bei der Erstellung mit berücksichtigt werden.

Ihre Homepage bietet grundsätzlich folgende Möglichkeiten:
1. Die einfachste Variante stellt, ähnlich wie ein Prospekt Ihre Buchhandlung, Ihr Angebot dar, ohne daß Bestellungen aufgenommen oder Mitteilungen erfaßt werden.

2. In diesen „Prospekt" kann ein Formular eingebunden werden, in das sich Kunden und Interessenten eintragen können. Beispielsweise könnten Interessenten auf diese Weise einen Katalog bei Ihnen anfordern. Solche Eintragungen werden Ihnen in der Regel per E-Mail übermittelt. Mit diesem Prinzip kann auch ein einfacher Online-Shop (elektronischer Warenkorb, E-Commerce) eingebunden werden. Ein Online-Shop ist ein Programm, in das der Interessent bzw. Kunde direkt seine Adresse und seine Bestellung eingeben kann und das in Ihre Homepage eingebunden wird. Solche Online-Shops werden von zahlreichen Anbietern offeriert und sind in allen Preislagen erhältlich. Adressen und Aufträge, die Sie auf diese Weise erhalten, müssen in der Regel manuell weiterbearbeitet, d.h. in der Buchhandlung in den Computer eingegeben werden. Umgekehrt müssen Ihre Angebote (Artikel) manuell in Ihren Online-„Prospekt" eingegeben werden.

3. Die professionellste Variante verbindet einen Online-Shop so mit Ihrer hausinternen Software, daß Daten aus dem „elektronischen Warenkorb" direkt übernommen werden. Adressen und Bestellungen müssen dann nicht manuell weiterbearbeitet werden. Umgekehrt kann über eine Schnittstelle zum Artikelstamm Ihr Warenangebot im Internet aktuell gehalten werden. Gerade hier liegt ein enormes Rationalisierungspotential, da Artikelinformationen einschließlich verschiedener Bilder oder Tondokumente nur einmal „gepflegt" werden müssen, um gleichzeitig für die Auftragsverwaltung, den Online-Shop und z.B. auch gedruckte Prospekte verwendbar zu sein. Eine solche Lösung ist allerdings wesentlich teurer und lohnt sich daher nur ab einem entsprechenden Auftragseingang.

4. Einige Online-Shops bieten die Möglichkeit, sich direkt in die Datenbank eines Grossisten einzuklinken. Auf diese Weise können Kunden, die Ihre Homepage besuchen, z.B. in der KNO/K&V-Datenbank, nach einem bestimmten Buch recher-

chieren und dieses bestellen – wobei die Bestellung selbst bei Ihnen landet. Wenn Sie an einer solchen Lösung interessiert sind, sollten Sie zuerst Kontakt mit den namhaften Grossisten aufnehmen. Anschließend sollten Sie einen Online-Shop aussuchen, der eine Anbindung einer solchen externen Datenbank ermöglicht. Dies funktioniert übrigens auch mit der „Variante 2“: Die eingehenden Bestellungen können Ihnen per E-Mail übermittelt werden, ohne daß eine direkte Einbindung Ihrer hausinternen Software unbedingt nötig ist. Diese Variante ermöglicht es Ihnen, dem Kunden praktisch das gesamte lieferbare Angebot zur Bestellung anzubieten.

Natürlich muß man, wenn man eine Homepage einrichten will, nicht gleich mit dem Optimum beginnen, sondern kann Stück für Stück das anvisierte Ziel realisieren. Nachdem Sie nun die wichtigsten technischen Aspekte kennengelernt haben, stellt sich die Frage, wie Ihre Homepage aussehen soll. Die Gestaltung einer Homepage ist zweifellos „eine Wissenschaft für sich“ und ist teilweise natürlich auch Geschmackssache. Es gibt jedoch einige allgemeine Grundsätze, die bei der Gestaltung zu beachten sind. Zuerst sollte man die folgenden Fragen beantworten:

Gestaltung einer Homepage

- Welche Art Buchhandlung sind wir (Fachbuchhandlung, Sortimentsbuchhandung ...)?

  ....

  ....

- Welches Erscheinungsbild hat unsere Buchhandlung und welches Image möchten wir gern vermitteln?

  ....

  ....

- Wer sind unsere Kunden (ortsansässige Stammkunden, Laufkundschaft, Fachkunden ...)?

  ....

  ....

- Warum kommen Kunden in unser Geschäft (zufällig, weil sie ein bestimmtes Buch brauchen, weil sie „irgend etwas“ zum Lesen oder als Geschenk suchen, weil sie etwas Interessantes im Schaufenster gesehen haben ...)?

  ....

  ....

→

- Wo liegen unsere Stärken (Beratung, Ambiente, Sortiment, Aktualität ...)?

....

....

- Welche Kunden erreichen wir zur Zeit nicht bzw. zu wenig, wo liegen unsere Schwächen?

....

....

- Wen möchten wir mit unserer Homepage erreichen (Stammkunden, neue Kunden, bestimmte Personengruppen, Berufstätige mit wenig Zeit, Leute, die ein Geschenk suchen ...)?

....

....

- Welche Motive und Interessen haben diese Personen, wie lassen sie sich ansprechen?

....

....

- Welchen direkten Nutzen soll die Homepage haben (Imagegewinn, Direktbestellung, Besuch der Buchhandlung ...)?

....

....

Sicher fallen Ihnen dazu noch mehr Fragen ein, und Sie bekommen eine plastische Vorstellung von Ihrer momentanen Situation und dem, was Sie mit Ihrer Homepage erreichen möchten. Diese Ziele lassen sich aber nur dann realisieren, wenn die Zielgruppe exakt angesprochen wird. Versetzen Sie sich also in die Lage desjenigen, der Ihre Homepage aufruft: Was interessiert sie oder ihn in solchem Maße, so daß sie oder er Zeit und Geld für den Besuch Ihrer Homepage investiert? Über diese Frage sollte man ausführlich und immer wieder nachdenken, um daraus Rückschlüsse für die Gestaltung der Homepage zu ziehen. Ein Berufstätiger, der ein bestimmtes Fachbuch benötigt, möchte dieses möglichst schnell und einfach bestellen können. Für einen Jugendlichen, der aus Langeweile im Internet „surft", steht hingegen die Unterhaltung im Vordergrund. Möchten Sie Stammkunden aus Ihrem lokalen Einzugsgebiet ansprechen, könnten Sie vielleicht Ihr reales Schaufenster im Internet abbilden, die ausgestellten Artikel dort näher beschreiben, Lese- oder Hörproben einbinden usw. Wiederum andere sind vielleicht dankbar für Lese- oder Geschenkvor-

schläge (differenziert nach Themen, Sach- oder Altersgruppen). Sicherlich gibt es hier auch Möglichkeiten, mit den Verlagen zusammenzuarbeiten und z.B. vorhandene Rezensionen zu übernehmen. Es gibt also unzählige Gestaltungsmöglichkeiten, eines ist aber immer wichtig: Es muß für den Besucher interessant sein!
Mit diesen Vorüberlegungen haben Sie schon eine gute Systematik, um beliebige Homepages, die Sie beim „Surfen" im Internet antreffen, zu analysieren. Natürlich sollte man nicht versuchen, Ideen anderer zu kopieren – Ihre Homepage soll schließlich einen möglichst unverwechselbaren, eigenen Charakter haben. Aber durch Vergleiche mit anderen bekommt man ein Gefühl dafür, welche Möglichkeiten es überhaupt gibt und welches Erscheinungsbild und welche Funktionalität für Ihre Buch-

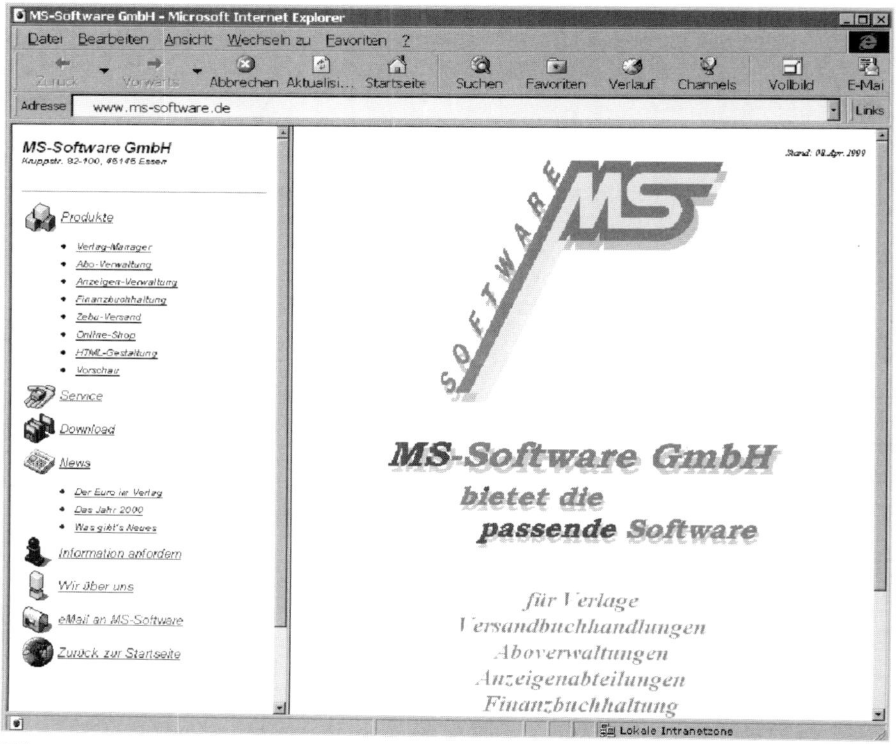

Abb. 37: Die Begrüßungsseite.
Wegen der sparsam verwendeten graphischen Elemente baut sich die Startseite schnell auf. Die wichtigsten Informationen sind sofort auf einen Blick zu erfassen. Mit dem „Navigator" in der linken Spalte können weitere Seiten bzw. Themen aufgerufen werden. Da dieser Navigator auf jeder Seite verfügbar ist, bleibt die Orientierung jederzeit gegeben.

handlung in Frage kommen. Grundsätzlich soll die Homepage vor allem einen positiven Eindruck beim Besucher hinterlassen und Interesse wecken. Vermeiden Sie es daher, Ihre Besucher zu langweilen oder zu verwirren. Die meisten Besucher lesen die Seiten nicht komplett, sondern überfliegen den Text nur, um möglichst schnell an die gewünschten Informationen zu gelangen.

Längere Texte werden meist als langweilig, ermüdend und wegen der laufenden Telefongebühren auch als teuer empfunden. Bereits nach wenigen Augenblicken wird entschieden, ob eine Homepage interessant ist oder nicht. Daraus folgt, daß die wichtigsten Informationen schnell erkennbar sein müssen bzw. eine Zusammenfassung der Inhalte angeboten werden sollte. Aufwendige Graphiken, die lange La-

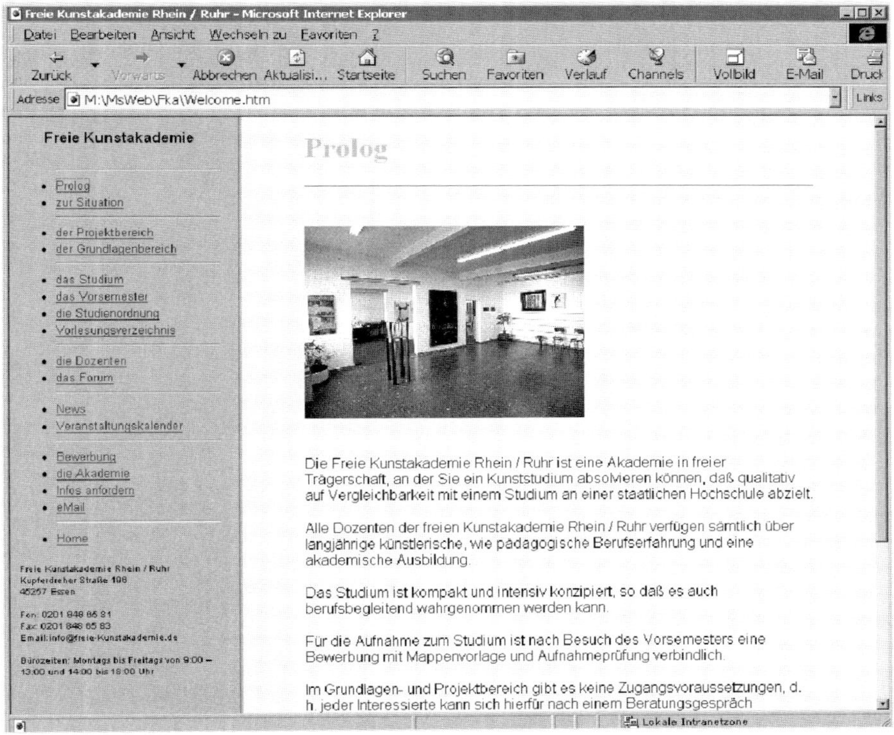

Abb. 38: Einbinden von Fotos.
Fotos fangen den Blick des Betrachters ein und können auch eine sonst eher „trockene" Materie auflockern. Fotos der Ladenräume und Mitarbeiter vermitteln eine persönliche Atmosphäre; ansprechende Abbildungen der angebotenen Artikel wecken Interesse.

dezeiten benötigen, sind aus diesem Grund häufig kontraproduktiv, da der Leser ungeduldig wird und abbricht. Weiterführende und spezielle Informationen können auf weiteren Seiten oder untergeordneten Fenstern untergebracht werden, die man durch anklicken eines „Linksymbols“ direkt aufrufen kann. Innerhalb eines Online-Shops sollte der Besucher z.B. durch Anklicken eines Buchtitels detaillierte Informationen, ein Foto oder eine Hörprobe aufrufen können.
Sprache und Gestaltung der Homepage müssen so klar sein, daß der Leser sofort erfaßt, worum es geht und wie er durch weitere detaillierte Informationen navigieren kann. Selbstverständlich sollte immer berücksichtigt werden, wen man mit der eigenen Homepage ansprechen möchte und welche Inhalte und gestalterischen Mittel dieser Zielgruppe angemessen sind.

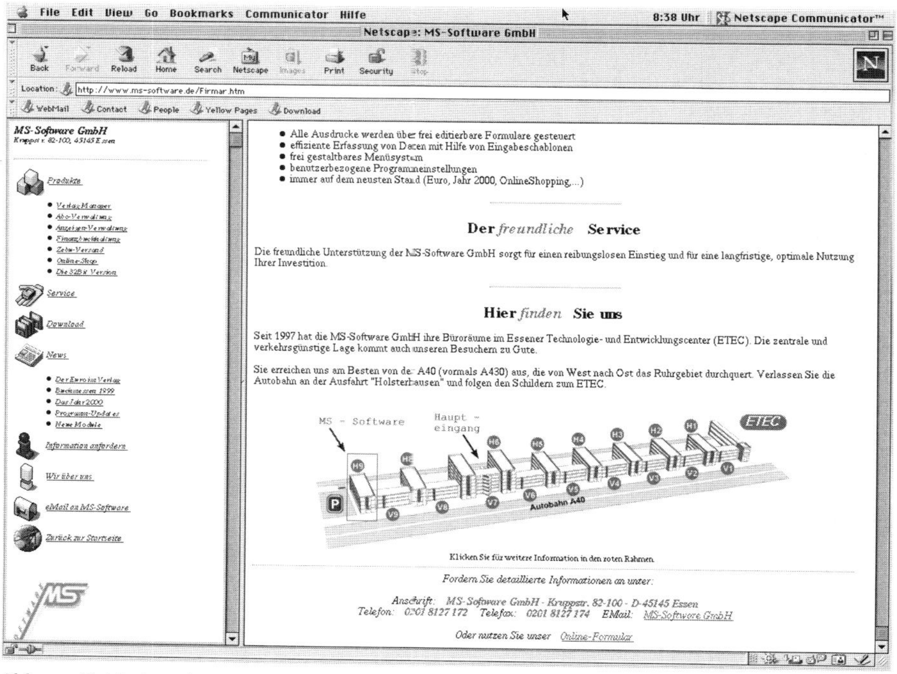

Abb. 39 Einbinden einer Graphik.
Eine einfache Graphik wie der Lageplan benötigt keine lange Ladezeit und erhöht den Informationsgehalt. Hinter dem eingerahmten Kästchen verbirgt sich ein „Link“ zu einem Foto. Die Schlage in der linken Spalte ermöglichen es dem Leser, immer „tiefer“ zu detaillierteren Informationen vorzudringen oder zu anderen, verwandten Themen zu springen. Der Leser kann so selbst bestimmen, welche Themen er sich in welcher Reihenfolge anschaut.

Die Übersichtlichkeit ist immer von großer Bedeutung. Dies wird durch angemessene sprachliche (kurze, klare Sätze) und gestalterische Mittel (z.B. klare Gliederung, einheitliches Layout, sparsame Verwendung von graphischen Elementen und Animationen) erreicht. Jede Seite sollte möglichst komplett ohne zu „scrollen" lesbar sein. Der Leser sollte jederzeit erkennen können, wo er sich auf der Seite befindet und wie er zu anderen Seiten oder Themen wechseln kann. Da der Leser beliebig zwischen den Seiten hin- und herspringen kann und diese wahrscheinlich weder „der Reihe nach" aufruft noch komplett liest, muß jede Seite auch für sich allein verständlich und ansprechend sein. Die Verwendung von Fotos und Abbildungen erhöht selbstverständlich den Informations- und Unterhaltungswert jeder Homepage, die Ladezeiten für den Seitenaufbau dürfen dadurch aber nicht zu lang werden. Das Erscheinungsbild der Homepage kann, je nachdem welchen Browser der interessierte Internetsurfer verwendet, verschieden sein. Der Browser ist das Programm, das das „Surfen" im Internet ermöglicht, die beiden bekanntesten sind der Microsoft Internet Explorer und der Netscape Communicator.
Wie kann ein Interessent Ihre Homepage finden, der Ihr Unternehmen gar nicht kennt? – Dies erreichen Sie nur, wenn Sie passende Suchbegriffe in Ihre Homepage einbauen, die von den „Suchmaschinen" automatisch erkannt werden (z.B. Altavista) bzw. indem Sie sich selbst entsprechend registrieren lassen (z.B. Yahoo). Machen Sie sich mit der Funktionsweise solcher Suchmaschinen vertraut und definieren Sie dann entsprechende Suchbegriffe in Ihrer Homepage.

! Ihre „Domain" sollte auch auf dem Briefpapier, auf Prospekten, in Anzeigen usw. genannt werden.

Schon bei der ersten Gestaltung der Homepage ist auch daran zu denken, daß sie „pflegeleicht" sein sollte. Da sie stets aktuell sein muß, sind Änderungen unvermeidlich und sollten mit geringem Aufwand möglich sein. Bietet man z.B. noch Artikel an, die es schon gar nicht mehr gibt, ist der Imageverlust groß und vielleicht verliert man sogar Kunden. Es ist daher wichtig, jemandem die kontinuierliche Pflege der Homepage zu übertragen. Zum Stichwort „Aktualität" ist noch anzumerken, daß ein Kunde, der Ihnen eine E-Mail schreibt oder eine Online-Bestellung aufgibt, eine kurzfristige Reaktion von Ihnen erwartet. Zumindest einmal täglich müssen Sie Ihre elektronischen Posteingänge abrufen; die umgehende Bearbeitung ist Pflicht.
Obwohl es natürlich zunächst einen zusätzlichen Aufwand darstellt, eine eigene Homepage im Internet zu realisieren, sollte man sich unbedingt näher mit diesem Aspekt befassen und möglichst bald – sofern noch nicht geschehen – das eigene Schaufenster im Internet gestalten, um den Anschluß an die Konkurrenz nicht zu verpassen.

8 Hilfen der Verlage: Werbematerial

Display

Hier treffen Wunsch und Wirklichkeit nicht immer zusammen: Aus Sicht der Verlage sollen Displays (Dekomaterialien zur Präsentation von Büchern) so gestaltet sein, daß die eigenen Produkte besonders auffällig in den Buchhandlungen plaziert werden können. Für den Buchhändler hingegen steht die Optik des Verkaufsraumes im Vordergrund; die Displays sollen die Ladenarchitektur nicht stören.

Plakate

Was Plakate betrifft, so kann ich verstehen, daß Verlage ihre Bücher optimal darstellen wollen. Texte und Bilder werden miteinander kombiniert, um ein gutes Arrangement zu bilden. Beides aber, sowohl Abbildungen der Bücher auf dem Poster als auch Texte, die durch die Kontur einer Abbildung marschieren, machen das Poster für die Schauwerbung fast unbrauchbar. Für die Schauwerbung muß das Bild, wie schon an anderer Stelle erwähnt, in die Tiefe des Raums aufgelöst werden können.

Die wichtigste Anforderung an Verlagsposter, die für die Schauwerbung gedacht sind, ist der Kontrast – vor allem der Formkontrast! Die Exponate selbst haben fast alle das Format „hochkant/rechteckig“. Einige Bücher gibt es im Querformat, manche sind quadratisch, die wenigsten sind rund. Das Standard-Verlagsposter ist ebenfalls „hochkant/rechteckig“. Da die Schauwerbung aber von Kontrasten und markanten Konturen lebt, müssen Personen, Häuser oder Gegenstände auf dem Plakat entlang ihrer Kontur ausgeschnitten werden können. Werden diese „Ausschnitte“ auf Dekoplatte oder Wellpappe aufgeklebt, entsteht ein Display, mit dem im Schaufenster der begehrte Blickpunkt geschaffen werden kann.

Poster, die für die Schauwerbung verwendet werden sollen, müssen sich inhaltlich keineswegs nur mit den Produkten direkt beschäftigen. Im Sach- oder Hobbybuchbereich ist das auch schon längst nicht mehr der Fall. Auch im Touristikbereich überwiegen sehr künstlerisch anmutende Fotomotive der Ziellandschaften oder -bauwerke.

Poster müssen also kreativ bearbeitet werden, wenn Blickfangpunkte geschaffen werden sollen. Aber wäre es nicht auch eine Idee, wenn auf dem Plakat eine verkaufsfördernde Aktion selbst dargestellt ist, z.B. das Verschenken von Leseproben. Solche Plakate wären natürlich besonders geeignet, um Kunden zu einem Besuch der Buchhandlung zu motivieren.

Allerdings findet man nicht viele Verlage, die solche Aktionen mitfinanzieren. Zu oft wurde die Erfahrung gemacht, daß Leseproben in den „Pietätsecken" der Buchhandlungen verschwinden. Da eine solche Aktion allerdings für beide Seiten von Vorteil ist, lohnt es sich mit den Vertriebsleitern der Verlage zu sprechen. Wichtig sind klare Absprachen! Aus eigener Erfahrung kann ich nur berichten, wie unglaublich gut solche Aktionen bei den Kunden ankommen. Es wäre ja auch eigenartig, wenn das Prinzip „Kostprobe" – im Feinkosthandel ein sehr wirksames Werbemittel – nicht auf den Buchhandel übertragbar wäre, in Form von Leseproben.

Aber kommen wir wieder zurück zum Thema Poster. Betrachten wir dieses Werbemittel einmal im Schauwerbeeinsatz. Die Kriterien, die über die Eignung eines Verlagsposters entscheiden, haben wir in einem Workshop erarbeitet:
- konturstark
- kein störender Text
- schneidbar
- blendfrei
- themenstark
- zielgruppenadäquat
- erzählend

Entsprechend dieser Kriterien, haben wir in der Seckbacher Schule einige Poster, nach der Methode „Stiftung Warentest", bewertet. Wir verteilten dabei Noten von 1,8 bis 3,7.

Im folgenden sollen verschiedene Poster und ihr Einsatz in der Schauwerbung besprochen werden.

- *„Thienemanns Buchpiraten"*

Das Poster hat das Format „hochkant/rechteckig" und soll als Blickfang für eine Präsentation neben dem Eingang einer Buchhandlung dienen. Das Piratenmotiv mit dem Bücherstapel schneiden wir aus einem zweiten Poster aus, kleben es auf eine Dekoplatte und schneiden ein Kontur-Display daraus. Wir bringen es mit Dekonadeln auf Abstand zum Originalposter, das ebenfalls auf eine Dekoplatte aufgeklebt wurde. Mittels der von allen Seiten in eine Schlitzsäule einsteckbaren Glasscheiben entsteht ein Bücherturm, mit nach links offenem Halbmond als Blickfigur. Der vordere Pirat läuft natürlich in den Halbmond hinein, was zugleich auch der Weg in den Laden ist, und berührt dabei bereits eines der Bücher (Bild 91, S. 152).

- *„Tauchen als Abenteuer“*

Ein Schaufenster zum Thema Tauchen soll geschaffen werden, und zwar unter dem Aspekt „Tauchen als Abenteuer“. Beim Durchsuchen der Postermappen treffe ich auf zwei Plakate: eines, das einen Raubfisch darstellt (Bild 92, S. 152), aber eigentlich nichts mit dem Tauchen zu tun hat, ein anderes mit der Schlagzeile „Faszinierende Unterwasserwelt“ (Bild 93, S. 152). Im fertigen Schaufenster (Bild 94, S. 153), von einer Schülergruppe gestaltet, wird die Gefahr deutlich, ohne daß weitere Textzeilen verwendet werden. Schließlich schweigen sich die Buchtitel auch nicht gerade über das Thema aus.

Die Blickfigur in diesem Fenster ist ein oben nicht geschlossenes großes „S“. Das Buch oben links ist hängend plaziert; die zwei Bücher rechts hängen zusammen mit den beiden Schriftstreifen an einer gemeinsamen Verspannung zwischen Boden und Decke. Das großformatige Buch über Wracktauchen unten auf dem Fensterboden gehört zur „Verspannungsgruppe“ darüber. Innerhalb der Bodengruppe ist die Leserichtung eingehalten und dennoch entsteht durch die Vielfalt der Schrägen keine Langeweile (Bild 94).

- *Die Casablanca-Fortsetzung*

Der Verlag schickte ein Poster, bei dem die Schrift genau durch die Hutkrempe von Ingrid Bergman verläuft (Bild 95, S. 153). Für das Schaufenster will ich aber beides – die Schrift für sich und Ingrid Bergman mit schwarzer Hutkrempe. Erfreulicherweise hat der Verlag mehrere Poster geschickt, so daß eine Fotomontage möglich ist. Die Schrift kommt separat auf einen Träger aus Dekoplatte, wobei rechts und links großzügig verlängert wird. Wer genau hinsieht, bemerkt den Rand der Hutkrempe, der durch die Schrift verläuft (Bild 96, S. 153).

Bild 91: Das Poster bleibt wie es ist. Eine Blickfigur zeigt die Ereignisrichtung.

Bild 92: Ein Raubfisch, der sich an ganz anderer Stelle zu Wort melden wird.

Bild 93: Eine Schlagzeile, passend für das Schaufensterthema „Tauchen als Abenteuer".

Bild 94: Das fertige Schaufenster mit dem Thema „Tauchen als Abenteuer".

Bild 95: Wie kriegen wir die Schrift aus der Hutkrempe?

Bild 96: Nach der Fotomontage – ein starker Auftritt.

Aufgabe

Welche Wünsche würden Sie dem Verlag gegenüber äußern, wenn Sie bei der Gestaltung eines Posters mitwirken könnten?

Lösungsvorschlag

Klare Konturen zum Ausschneiden sollte es haben, die Schrift sollte nicht durch die Bilder verlaufen, blendfreies Material sollte es sein, und erzählend sollte es wirken.

9 Beispiele-Sammlung: Abteilungs- oder buchtypenspezifische Schauwerbung an einigen Beispielen

Bild 97: Auf jeden Fall ein starkes Entree für eine Buchhandlung.

• *„Kann denn Lesen Sünde sein?“*
... fragt, soweit ich mich erinnere, S. Fischer und fügt ein Poster mit dem Gesicht einer jungen Frau bei. Sie müßten ihren Mund in Farbe sehen! (Bild 97). – Jedenfalls, dieses Poster links neben dem Eingang einer Buchhandlung plaziert ist ein starker Willkommensgruß.

• *Martin Luther*
Beim Luther-Fenster ist das große, auf Dekoplatte aufgezogene und dadurch zum Display gemachte Poster aus der „hochkant/rechteck“-Tristesse befreit, indem es in der Tauben-Kontur oben abgeschnitten, das verbliebene Gegenstück aber versetzt dazu plaziert wurde (Bild 98). Eine starke Lösung, obwohl die Luther-Figur von uns mit Kopiervergrößerungs-Technik „nachgeliefert“ werden mußte. Der Text „Nicht Leseworte, sondern lauter Lebeworte“ wurde von dem gleichen Plakat oben abgeschnitten und ebenfalls auf Dekoplatten zur Geltung gebracht.

Bild 98: Konturverstärkung durch Poster-Trennung: Taube gewinnt an Bedeutung.

Bild 99: Großer Auftritt für Pippi: Ein Handstand auf Büchern.

- *Pippi Langstrumpf*

... kann man nur kopfstehend glaubwürdig inszenieren. Ein Geburtstagsfenster für das sich die Mühen gelohnt haben (Bild 99). Die Figur wurde mittels Episkoptechnik vergrößert und mit Plakafarben koloriert. Anschließend wurde sie auf verschiedene Dekoplatten zusammenmontiert. Die paßgenauen Teile wurden fest zusammengedrückt, damit man die Nahtstelle nicht sieht und hinten mittels quer verlaufenden Dekoplattenstreifen stabilisiert. Die Dekoplattenstreifen wurden mit Kleber an beiden Teilen befestigt.

- *„Traum-Bilderbücher“*

... war der Arbeitstitel zu einem Schaufenster, das Bilderbücher wie Peterchens Mondfahrt zeigt. In einem der Bilderbücher fanden wir einen Vater, der seinem Kind den

Bild 100: Traumgeschichten: Die Sterne zum Greifen nah.

Sternenhimmel zeigt. Wir vergrößerten ihn mit Episkoptechnik, kolorierten ihn und den Jungen mit Plakafarben und ließen bei der Plazierung Sterne und Bücher zusammenfließen. Sehen Sie sich Bild 100 (S. 156) genau an: Sie werden zustimmen, daß der mittlere dunkle Bereich nichts enthalten darf, auch keinen Durchblick in den Laden. Der Blick des Betrachters soll in die Kreisbahn gehen. Ein ereignisreiches Fenster zum Träumen ohne jeden Text.

- *Rambo aus dem Poster-Shop*

... taucht am Schluß noch einmal auf. Er ist die Leitfigur zu einem Fenster über Fitneß und Gesundheit. Sie erinnern sich? In Bild 71 und 72 (S. 116) hatte ich ihm, damit er für den Passantenstrom in die richtige Richtung schaut, die Augen „verdrehen“ müssen. (Bild 101 und 102, S. 100)

10 Anhang: Kontaktadressen

Dekoland Barthelmess,
mit Verkaufsniederlassungen in Fürth, Nürnberg, Frankfurt/Main, Hamburg, Wien, Düsseldorf. Barthelmess ist der Allround-Spezialist für Dekomaterialien. Besuchen Sie während der Buchmesse die Frankfurter Niederlassung:
Hanauer Landstraße 208–216, 60314 Frankfurt
Tel. (0 69) 94 33 57-0, Fax (0 69) 94 33 57-5

Karl Gröner GmbH
Neoprint-Beschriftungsanlagen und andere Hilfsmittel aus dem Bereich Zeichnen und Graphik, mit Spezialkatalogen auch zu den Bereichen Display, Schneidewerkzeug, Siebdruck, Schablonen-Chemie.
Riedweg 27, Postfach 20 50, 89010 Ulm
Tel. (07 31) 39 82-0, Fax (07 31) 39 82-32

Höll Dekor GmbH
Höll Dekor hat ein riesiges Angebot für Schräg- und Senkrechtplazierung von Büchern und Medien im Schaufenster, vor allem aus Acryl. Frau Gerda Höll ist auf jeder Messe für Buchhändler vertreten und berät persönlich.
Spessartblick 9, 63579 Freigericht-Horbach
Tel. (0 60 55) 35 89, Fax (0 60 55) 68 24

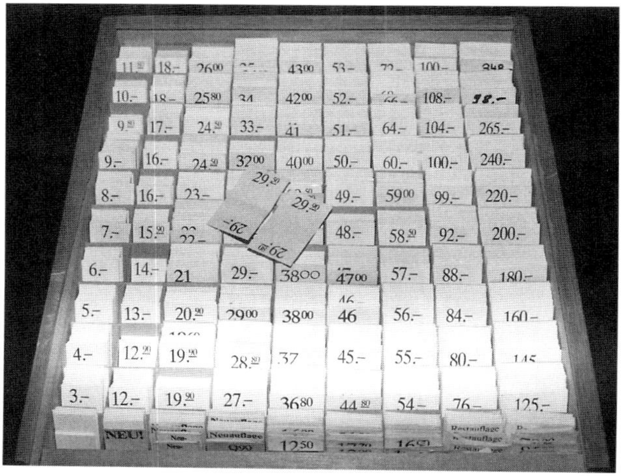

Otto Kolb Formularverlag,
liefert alle buchhändlerischen Formulare, Tragetaschen, vor allem aber: Preiseinstecker. Der knapp 150 DM teure Kasten ist eine gute und arbeitssparende Investition.
Yorckstraße 5
95030 Hof
Tel. (0 92 81) 97 71-81
Fax (0 92 81) 97 71-91

L+W Ladenbau,
das Kürzel steht für Ladenbau und Werkstatt. Geschäftsführer Ingo Warncke ist Ihr aufmerksamer Zuhörer und Partner bei allen Ladeneinrichtungsfragen.
L+W Innenausbau GmbH, Hirschbergstraße 7, 56459 Kölbingen
Tel. (0 26 63) 76 11, Fax (0 26 63) 62 35

HPA Herbert Paulerberg Agentur,
kommt auf Wunsch in Ihre Buchhandlung und trainiert bei Ihnen mit allen betroffenen Mitarbeitern (und natürlich mit Ihnen selbst) das Schaufenstergestalten und Verkaufen. Das kann pro Person bedeutend preisgünstiger sein, als die Teilnahme an externen ortsfesten Seminaren.
Hinter den Zäunen 4, 61137 Schöneck
Tel./Fax (0 61 87) 91 08 95

Stichwortverzeichnis

A

B

C, D

E

F

G, H

I

K

L

M, N

O, P

R

S